RUBÉN VILLALOBOS

FARAONAS

Misterios y curiosidades
de las grandes damas del Nilo

ALMUZARA

Primera edición: enero de 2025

Editorial Almuzara • Colección Historia
Edición de Rebeca Rueda
Diseño de cubierta: Ignacio Medina

www.editorialalmuzara.com
pedidos@almuzaralibros.com - info@almuzaralibros.com
Parque Logístico de Córdoba. Ctra. Palma del Río, km 4.
c/8, nave L2, n.º 3, 14005, Córdoba.

Imprime: Black Print
ISBN: 978-84-10526-17-4
Depósito legal: CO-2155-2024
Hecho e impreso en España - *Made and printed in Spain*

A mi esposa Cristina,
la faraona de mi vida.

Índice

Prólogo. El hilo invisible de la historia 11

INTRODUCCIÓN 17

MERYTNEIT. *La primera mujer faraón* 21
- ¿La primera faraona de la historia? 23
- Sacrificios humanos en su tumba 25
- La gran fosa de la muerte 30
- Manjares y lujos en el más allá 33

JENTKAUS. *Un nombre para dos reinas* 37
- La primera Jentkaus 38
- La inscripción que podría cambiarlo todo 40
- La otra Jentkaus 43

NITOCRIS. *Una faraona de leyenda* 47
- Entre la verdad y el mito 48
- La primera Cenicienta de la historia 52

SOBEKNEFERU. *El último eslabón de una dinastía* 57
- Las bellezas de Sobek 58
- Así era el lujoso harén real 61
- Los dioses están de su lado 66
- ¿Enterrada en una pirámide? 69
- Una reina con recursos 71

HATSHEPSUT. *La elegida por los dioses* 73
- La hija de un dios 75
- Obeliscos de electro 79
- Djehuty y la misteriosa Tabla del Aprendiz 82
- Senenmut y el Templo de Deir el-Bahari 85
- Una muela momificada 90

NEFERTITI. *La bella ha llegado* ... 97
La más hermosa del Antiguo Egipto ... 98
Detrás de un gran hombre siempre hay una gran mujer ... 102
El misterio de su desaparición ... 106
Una momia escurridiza ... 110

TAUSERT. *La ambición hecha mujer* ... 115
Siptah, el faraón tullido ... 116
Un Juego de Tronos egipcio ... 117
Una maldición que llega hasta nuestros días ... 122
¿La última faraona egipcia? ... 124

BERENICE III. *La faraona efímera que dejó huella* ... 129
Locuras ptolemaicas ... 130
El pueblo clama venganza ... 132

CLEOPATRA VII. *La encantadora de serpientes* ... 135
Los eclipses de Cleopatra ... 138
El poder de la seducción ... 141
La erótica de la palabra ... 144
Una historia de amor y poder ... 145
Cuando la muerte llega reptando ... 147

OTRAS REINAS QUE HICIERON HISTORIA

HETEPHERES. *Los tesoros de una reina* ... 157
La compañera de Horus ... 159
Un hallazgo sin precedentes ... 160
Brazaletes de plata ¡más valiosos que el oro! ... 162
El misterio de su tumba ... 164
Los tesoros de las princesas ... 166

AHHOTEP I. *Siempre rodeada de moscas* ... 171
Un collar muy especial ... 174
La reina guerrera ... 176
La momia más aterradora de Egipto ... 179

TIY. *Honores para una reina* ... 183
Un tesoro oculto en el Valle de los Reyes ... 184
Escarabajos para celebrar una boda real ... 185

Un gigantesco lago por amor 187
Una familia rebelde 190
Una momia recién salida de la peluquería 192

ANJESENAMÓN. *Nacida para sufrir* 195
Intereses matrimoniales 197
Las hijas de Anjesenamón 201
¡Se busca faraón! 204

NEFERTARI. *Por la que brilla el sol* 209
Un matrimonio por amor 210
Un templo para la más bella 212
La impresionante tumba de Nefertari 215
¿¡Unas rodillas momificadas!? 217

TIYI. *La conjura del harén* 221
Misión: acabar con el faraón 223
Condenados... ¡al suicidio! 228

CONCLUSIÓN 233

Tabla cronológica de reinas y dinastías en el Antiguo Egipto 235
Bibliografía 239
Agradecimientos 245

Prólogo

El hilo invisible de la historia

> «Al final, todos somos historias.
> Solo haz que sea una buena».
>
> *Dr. Who*

Poco a poco, el avión de El Cairo con destino a Madrid se va llenando. Nacho Ares y yo, ya en nuestros asientos, nos preguntamos qué habrá ocurrido con Rubén. Sabemos que coincidimos en el vuelo de vuelta. Nosotros acabamos de estar unos días en El Cairo después de haber pasado un par de semanas viajando por el país de los faraones con un grupo de «egiptolocos», de esos que dejan huella. Un grupo humano maravilloso. Rubén, por su lado, ha hecho lo propio con otro grupo de apasionados por Egipto que lo han acompañado en un periplo similar por el país.

Sin embargo, el avión parece que ya está lleno y ni rastro del grupo de Rubén. Ya pensábamos que habían perdido el vuelo cuando por fin vimos entrar a toda la tropa encabezada por la altísima y esbelta figura de Rubén. Este nos explica que habían tenido un pequeño retraso en el transporte que los llevó al aeropuerto, pero, por suerte, como suele pasar en Egipto, finalmente lograron llegar a tiempo.

No podemos hablar mucho más. Tenemos que ocupar nuestros asientos para que el avión pueda despegar. El zumbido monótono de los motores llena el aeroplano y nos dirigimos a la pista de aterrizaje para dejar atrás la tierra de Kemet.

Siempre que viajo en avión, sea cual sea el destino, no puedo evitar seguir maravillándome con el prodigio que es que un cacharro de semejantes dimensiones pueda desafiar la lógica y volar. Y no solo volar, sino, en muchas ocasiones, llevarnos a cumplir algunos de nuestros sueños más anhelados. Me consta que muchos de los que ocupan los asientos de ese avión vuelven a casa con una sonrisa en el rostro. Egipto ejerce ese efecto en los que lo visitan. A pesar de las muchas peculiaridades del país que, *a priori*, podrían hacer que no quisiéramos repetir el viaje, es imposible haber visitado Egipto y, en el preciso momento en que el avión pierde contacto con la tierra, no sentir que ya quieres volver.

Una vez en el aire, en ese espacio indefinido que une El Cairo con Madrid, retomamos la conversación con Rubén para ponernos al día y contarnos diversas batallitas y periplos de nuestros viajes. Fue entonces cuando me propuso escribir esta introducción que ahora estás leyendo. Nos contó que su nuevo libro sobre mujeres del Antiguo Egipto iba viento en popa y que le gustaría que yo hiciera el prólogo. Por supuesto, acepté encantada.

Comencé a pensar en cómo podría enfocar la introducción al libro mientras nos alejábamos de la tierra que nos había unido en ese vuelo. Fue entonces cuando me vino a la mente la antigua leyenda del hilo rojo del destino.

Esa leyenda, presente en la mitología china y japonesa, cuenta que los dioses han tejido toda una maraña de hilos rojos atados a nuestros tobillos o nuestros dedos meñiques y que une a todas las personas que están predestinadas a encontrarse y a cambiar sus vidas en mayor o menor medida. Ese hilo invisible puede estirarse, enredarse o aflojarse, pero nunca romperse. En mi caso, creo que esos dioses son guionistas universales que van desgranando la trama de diversas historias, nuestras historias, y van uniendo esos hilos rojos con chinchetas en un enorme tablero cósmico. Son los miles de puntos de inflexión, decisiones que tomamos, personas que conocemos casualmente, personas que se quedan, que se van y personas que hacen posibles los giros de guion en el desarrollo de nuestras diferentes historias a pequeña escala.

No pude evitar recordar la primera vez que visité Egipto de mano de José Manuel Galán como miembro del proyecto Djehuty. Recuerdo claramente el momento en que me enamoré perdidamente de la tierra roja de Egipto la mañana que me levanté y vi por la ventana del Hotel Marsam la montaña Tebana. Estar frente a esa maravillosa montaña mutante te hace al instante sentirte cerca de la historia que esconden sus *wadis* y sus recovecos. Y en algunos de esos recovecos es donde iba a pasar incontables horas en los despachos más espectaculares del mundo, la tumba de Djehuty, tesorero de la reina Hatshepsut, y la de su vecino Hery, supervisor del ganado de la reina Ahhotep. Y de esta manera, el hilo invisible de la historia teje su trama a lo largo de los siglos, uniendo nuestras vidas a las de los funcionarios que trabajaron para estas mujeres y, a través de ellos, a las de ellas.

La reina faraón Hatshepsut desafió las convenciones de género de su época y condujo Egipto a una de sus épocas más gloriosas. Tras la crisis que supuso la muerte de Tutmosis II, Hatshepsut comenzó como corregente de Tutmosis III hasta que este alcanzase la mayoría de edad. Pero Hatseptsut se proclamó faraón de Egipto en el séptimo año de reinado de Tutmosis III, adoptando títulos y representaciones masculinas para legitimar su posición. Justificó su ascenso al trono mediante un mito de concepción divina, presentándose como hija directa del dios Amón. Mantuvo una política imperialista, realizando campañas militares en Nubia, y permitió que Tutmosis III ganara experiencia militar. Su reinado es famoso por la expedición comercial al país de Punt. Aunque tuvo que enfrentarse a la influencia de Mitanni en Asia, Hatshepsut logró mantener el poder de

Egipto y expandirlo con el apoyo del clero de Amón y funcionarios clave, como Djehuty. A través de la tumba de su tesorero, podemos vislumbrar la grandeza de su reinado, su visión audaz y su duradero legado.

Ahhotep fue la reina madre fundadora de la gloriosa dinastía XVIII. Hermana y esposa de Sequenenra Taa II, a la muerte de su marido asumió la regencia del país mientras su primogénito, Kamose, luchaba por expulsar a los hicsos que ocupaban el norte del país. Tras la muerte de Kamose, probablemente en el campo de batalla, su segundo hijo, Ahmose, subió al trono, pero aún era menor de edad, de manera que Ahhotep siguió ejerciendo de regente. Su papel fue crucial para mantener la estabilidad de la dinastía XVIII durante la lucha contra los hicsos. Por azares del destino, Ahhotep se vio obligada a relevar a tres reyes, y su valía y su espíritu guerrero han hecho que su historia sea merecedora de un hueco entre las grandes mujeres del Antiguo Egipto. Ya en su época, su hijo Ahmose I reconoció su papel excepcional en una estela en el Templo de Amón-Re en Karnak. Estas son solo dos de las muchas mujeres que sin duda vivieron historias inmortales en el extenso periodo de tiempo que conocemos como el Antiguo Egipto.

Mientras reflexiono sobre estas féminas, separadas de nosotros por milenios, siento cómo sus historias se conectan y unen con las nuestras a lo largo de los siglos. Sus luchas, sus triunfos y sus legados resuenan a través del tiempo, entrelazándose con nuestras propias historias. Este encuentro en el avión, mi trabajo en Luxor y el libro de Rubén no son meras coincidencias. Son los nudos de ese hilo, ese guion infinito que nos une a través del tiempo y el espacio con estas mujeres extraordinarias.

Este libro es mucho más que una recopilación de acontecimientos históricos y figuras femeninas que han trascendido la historia. Es una mirada a un mundo pasado en el que las mujeres desafiaron las convenciones, moldearon imperios y dejaron legados que perduran hasta nuestros días.

A través de *Faraonas*, estas reinas extraordinarias cobran vida y alcanzan la inmortalidad que los antiguos egipcios anhelaban con el objeto de convertirse en leyendas. En ello consiste la perpetuidad, en que se sigan mencionando nuestros nombres y en que nuestro hilo siga presente en el tejido de las historias que conforman el universo.

Como decía el doctor Who, «al final, todos somos historias», y Rubén ha recopilado en estas páginas las de unas mujeres realmente excepcionales, damas que llegaron a gobernar el mundo desde la tierra que baña el Nilo. Deja que su pasión por desvelar los misterios de la historia te guíe en este viaje fascinante, y puede que, a medida que avanzas, comiences a percibir los hilos invisibles que te conectan a ti con esos relatos que se escribieron hace siglos. Quizás, al explorar las vidas de estas reinas-faraón, también descubramos algo sobre nosotros mismos y nuestro lugar en el continuo de la historia.

Carmen Ruiz Sánchez de León
@Arqueoartis
Madrid, 20 de octubre de 2024

INTRODUCCIÓN

Cuando hablamos de faraonas, en el inconsciente colectivo está la imagen de mujeres como Hatshepsut llevando a cabo grandes construcciones; Nefertiti y su posible gobierno tras el de su esposo Akenatón, el faraón hereje, o Cleopatra conquistando los corazones de Julio César y Marco Antonio desde sus aposentos en Alejandría. Sin embargo, existieron otras faraonas cuyas historias son tan interesantes como las ya mencionadas, pero que, por el contrario, han pasado desapercibidas a lo largo de la historia.

Antes de comenzar este apasionante recorrido por la vida de las grandes damas del Nilo, creo que es necesario responder a una pregunta que surge indudablemente al leer el título de esta obra: ¿qué es una faraona?

En primer lugar, hay que aclarar que, aunque la palabra *faraona* está bastante extendida hoy día y es recurrente a la hora de designar a aquellas mujeres que gobernaron en el Antiguo Egipto, sería más preciso utilizar el término *reina-faraón* para hacer referencia a ellas, pues el título de faraón era el que describía a la máxima autoridad de Egipto, independientemente de que fuera un hombre o una mujer. Por lo que en los círculos académicos es más frecuente encontrar la expresión *reina-faraón*, frente a *faraona*. Sin embargo, a nivel divulgativo (para el gran público) es lingüísticamente correcto emplear la palabra *faraona*, pues así se recoge en el *Diccionario de la lengua española*. Y este es el nombre que he elegido para dar título a este libro, pues de alguna manera posee un cierto halo de empoderamiento femenino, que es precisamente de lo que se valieron estas reinas para lograr su propósito de ocupar el trono.

Dicho esto, ser reina-faraón era el puesto de máximo poder que una mujer podía ostentar en el Antiguo Egipto. Podían hacer y deshacer a su antojo lo que quisieran sin dar explicaciones, pues eran la máxima autoridad del reino. En otras palabras, las faraonas tenían el poder sobre todos los ámbitos del gobierno egipcio: controlaban al ejército, llevaban a cabo construcciones, dirigían el comercio, etc. Significaba, posiblemente, llevar a cabo el mayor acto revolucionario de cuantos se han visto en la historia de la humanidad, pues implicaba ocupar un puesto destinado exclusivamente a los hombres, y, para lograrlo, era necesario que la mujer en cuestión rompiera con los cánones establecidos y se enfrentara de lleno a todo un sistema que había estado inalterado por cientos o, incluso, miles de años.

Pero, ¡cuidado!, es un error común pensar que una faraona era la esposa del faraón.

La Real Academia Española reconoce la palabra *faraona* como el femenino de faraón. Por lo que las esposas de los faraones deben de ser denominadas reinas, sin más, o reinas consortes. Estas últimas, que podían obtener el título de gran esposa real, tenían un poder que estaba muy limitado y dependía totalmente de sus esposos. En el caso de las faraonas, todo el poder recaía sobre sí mismas, mientras que las reinas consortes estaban a la sombra de la figura de los faraones, actuando en beneficio de ellos y acatando sus órdenes desde un segundo plano, aunque algunas de ellas superara en conocimientos y estrategia política a sus esposos.

Por último, en algunos casos, encontramos a las reinas regentes, un término medio entre las reinas consortes y las faraonas. Su función era la de mantener el orden en el gobierno mientras que el faraón era un niño o se encontraba incapacitado para gobernar, por lo que las regentes podían tener cierta influencia, pero sin llegar a adquirir nunca el poder de una faraona, y su papel finalizaba en el momento en que el joven faraón obtenía la capacidad suficiente para gobernar por sí solo.

Pero todo esto lo vamos a entender mejor a lo largo de las páginas, cuando veamos esta distinción con ejemplos claros. Así pues, los primeros capítulos de este libro están dedicados a aquellas reinas que, según la historia, llegaron a ser faraonas, con los mismos honores y privilegios de los que gozaba el faraón siendo este varón. Y en ellos se les dará un lugar tanto a las faraonas de las que existe certeza de su paso por el trono de Egipto como a aquellas que se presume que también ostentaron el título, a pesar de que los estudios no son aún determinantes a este respecto.

Y tras este repaso por la historia de las mujeres que alcanzaron la cima de la pirámide de poder en el Antiguo Egipto, y que nos permitirá asimismo comprender cómo era la vida en la época en la que se introducen, he decidido destinar algunos capítulos finales a hablar de otras seis reinas que, sin llegar a sentarse jamás en el trono, asumieron su papel como consortes o regentes con la misma intrepidez que demostraron las mejores faraonas, participando en la jefatura del Estado en momentos clave junto a sus esposos para conducir a su país a la gloria y, sin duda, hacer historia.

Este es un homenaje a esas mujeres que desafiaron los convencionalismos establecidos por cumplir sus sueños, cuyas vidas, aún envueltas en ese halo de misterio que encierran las pirámides, continúan inspirando a nuevas generaciones y alimentando la esperanza de todos aquellos egiptólogos que anhelan reconstruir la historia de un Egipto que nunca terminamos de conocer.

MERYTNEIT

La primera mujer faraón

Si redujéramos toda la historia de la civilización egipcia a un año, 365 días, el tiempo que las mujeres gobernaron el país del Nilo es de, tan solo, una semana. Esto quiere decir que, durante los 3100 años con los que cuenta la historia del Antiguo Egipto, las mujeres estuvieron en el puesto más elevado del poder menos de un 2 % del tiempo. A pesar de este dato tan demoledor, resulta realmente sorprendente la cantidad de curiosidades y misterios que nos dejaron. Su influencia llegó a cambiar el rumbo de la historia de Egipto, y sus vidas están repletas de historias asombrosas que vamos a ir desvelando a lo largo de este libro.

Para comenzar este apasionante recorrido por la historia de las grandes damas del Nilo, debemos remontarnos a la Dinastía I (3100-2890 a. C.), una de las etapas más arcaicas de la civilización. En ella, encontramos a la mujer a la que muchos consideran la primera reina-faraón que gobernó: Merytneit. Este hecho era algo inaudito, ya que el trono estaba reservado exclusivamente a los hombres. Los egipcios creían que los primeros faraones habían sido dioses masculinos, cuyas esposas tenían la función de ayudarles a gobernar en un segundo plano, y así pensaban que debía de seguir siendo. Por esto, es extraño y sorprendente encontrar mujeres en el trono del Antiguo Egipto. Tanto es así que los arqueólogos que se toparon con la primera faraona no lo podían ni creer.

El descubrimiento de Merytneit, de hecho, guarda una historia muy curiosa, ya que, cuando el egiptólogo británico Flendiers Petrie encontró su tumba en la ciudad de Abidos, la nombró como Meryneit, en lugar de Merytneit (obviando la *t* interna), puesto que el primer nombre hace referencia al género masculino, y el egiptólogo estaba convencido de que el enterramiento debía pertenecer a un hombre. Para su renombramiento tuvieron que pasar cinco décadas, cuando otro arqueólogo, Walter Bryan Emery, descubrió una tumba diferente de esta misma reina en Saqqara, y confirmó, por fin, que se trataba de una mujer. Increíble, ¿verdad?

Pero, entonces, ¿cómo pudo Merytneit romper con la que sería una de las tradiciones más arraigadas en la historia egipcia y llegar a ostentar el puesto del rey, a pesar de ser una mujer? Para que esto sucediera, fue necesario que se dieran una serie de factores concretos. Entre ellos, destacó que el faraón falleció y su hijo aún era muy pequeño para gobernar. En estos casos, era la madre del mismo quien se encargaba de llevar los asuntos del Estado, tal y como hizo Merytneit, aunque lo normal era que no obtuviera los títulos ni poderes propios de una reina-faraón, sino que se convertía en reina regente hasta que el niño creciera y adquiriera las capacidades físicas y mentales óptimas para gobernar.

En cuanto al poder y los privilegios entre ser regente o faraona, había grandes diferencias, siendo el poder de la regente de menor capacidad. Sin embargo, Merytneit es una sorprendente excepción a lo largo de toda la historia egipcia, junto con Hatshepsut, pues el poder que adquirió durante su regencia no se diferenciaba del poder que tenían los faraones. Esto refuerza la idea de que pudo ser ella la primera faraona de la historia egipcia, tal y como afirman egiptólogos de la talla de Patznick (2017), de la Universidad Sorbona.

De Merytneit conocemos que se convirtió en regente de su hijo, el futuro faraón Den, a la muerte de su esposo, el faraón Djet (Tallet, 2022). Sobre el período de regencia de Merytneit poco se sabe, pero es evidente que debió de tener un papel muy importante. Tanto es así que, en la década de 1980, el Instituto Arqueológico Alemán llevó a cabo un descubrimiento en la necrópolis de Abidos muy significativo para entender el estatus y el poder que adquirió la reina. Y es que encontraron una lista elaborada en tiempos del faraón Den donde se pueden leer a los primeros faraones que gobernaron Egipto. Allí, aparece el nombre de Merytneit, algo insólito para una simple regente, ya que estas reinas no se incluían en las listas reales, cuyo espacio estaba reservado exclusivamente para los faraones.

Son varias las evidencias para llegar a considerar a Merytneit faraona. Por ejemplo, el hallazgo de una estatua de un babuino con el nombre de la reina. ¿Y qué tiene esto de sorprendente?, te podrás preguntar. Pues que el babuino, considerado como un dios solar llamado el Gran Blanco, era un símbolo reservado a la figura del faraón. De hecho, existe una estatua similar a la de Merytneit desde el gobierno del primer faraón de la I Dinastía de Egipto, el faraón Narmer. A este animal lo encontramos en incontables ocasiones durante miles y miles de años. Por ejemplo, lo podemos ver en la fachada del Templo de Abu Simbel, vinculado al dios Ra y en un sinfín de representaciones y estatuas por todo Egipto. Pero ¿sabes por qué los egipcios adoraban tanto a los babuinos? Resulta que estos decidieron adoptar a este animal como una divinidad solar porque, al amanecer, con los primeros rayos, los babuinos se suelen activar con movimientos muy enérgicos y, además, también estiran sus manos y brazos hacia el astro rey, como si celebraran la salida del sol. Estos gestos fueron interpretados por los egipcios como la adoración al sol y, por tanto, al dios Ra. Sin embargo, resulta curioso saber que los babuinos actúan así para secar las gotas de rocío que quedan en su pelaje y así entrar en calor.

Otro de los motivos (y, además, el más llamativo) por el que los egiptólogos reconocen a Merytneit como la primera faraona es por la ubicación de su tumba. Merytneit construyó una tumba en la necrópolis de Umm el-Qaab, en Abidos, donde están precisamente las tumbas de los demás faraones de su época. Y por si esto fuera poco, también se halló otra tumba de esta misma reina en Saqqara, otro lugar de enterramiento real en su época.

La tumba de Saqqara es espectacular, con un tamaño colosal de más de 45 metros de largo. Y te preguntarás: si solo tenía un cuerpo, ¿para qué quería dos tumbas? Posiblemente, esta era una forma de demostrar su poder sobre las Dos Tierras de Egipto, es decir, sobre el Alto y el Bajo Egipto, o, lo que es lo mismo, sobre el sur (Abidos) y el norte (Saqqara). Esta era una división territorial simbólica que hacían los egipcios. De hecho, uno de los títulos para reconocer a un faraón era precisamente el de «señor del Alto y Bajo Egipto», y lo encontramos por primera vez durante el reinado del hijo de Merytneit, el ya mencionado faraón Den.

En la tumba de Merytneit en Saqqara, el egiptólogo británico Walter Bryan Emery dio con algo que sorprendió a los especialistas y reforzó la idea de que la reina pudo llegar a ser faraona y gobernar. Se trata de un símbolo conocido como *serej*, en cuyo interior se colocaban únicamente los nombres de los faraones. Pues bien, en dicha tumba podemos ver que el nombre de Merytneit está dentro

Estela funeraria de la reina Merytneit en Abidos, ahora en el Museo Egipcio de El Cairo.

de un *serej*. Pero lo más asombroso de todo es que las tumbas de Merytneit (en especial, la de Umm el-Qaab) seguían una macabra costumbre de los primeros faraones: estaban repletas de personas enterradas cuya única misión era la de acompañar, servir y entretener a la reina en su otra vida; es decir, ¡se sacrificaron a personas sanas y jóvenes para el disfrute de Merytneit en el más allá!

SACRIFICIOS HUMANOS EN SU TUMBA

La vida en el Aaru, el cielo o paraíso egipcio, era similar a la vida terrenal, también había que arar los campos, limpiar las casas y realizar los trabajos cotidianos. Por ello, para vivir plácidamente, los primeros faraones decidieron llevarse consigo a personas que les hicieran estas labores mientras ellos disfrutaban de la comodidad que esto supone. Así, los faraones idearon numerosísimos sacrificios humanos donde el dolor, la pena y la muerte eran los protagonistas.

Imagina trabajar duramente en los campos de la faraona Merytneit durante largas jornadas al sol y, para colmo, que te elijan cuando ella muera para sacrificarte y que continúes haciéndolo por toda la eternidad. Desde nuestra perspectiva actual, no debió de ser un plato de buen gusto para muchos. Sin embargo, quién sabe si no lo hacían deseosos por creer que tenían la gran suerte de vivir para siempre junto a la faraona.

Sea como fuere, la tumba de Merytneit fue hallada con cuarenta y un tumbas subsidiarias ubicadas justamente alrededor de su tumba principal. La finalidad de estas tumbas era la de albergar los cuerpos de las personas elegidas para acompañar a la reina en su otra vida. Si este dato te parece llamativo, te sorprenderá saber que, en la tumba de su marido, el faraón Djet, se contabilizaron más de ciento cincuenta tumbas subsidiarias y, en la del faraón Djer (otro monarca de la misma época), se han hallado trescientas dieciocho tumbas subsidiarias.

Como hemos comentado, el perfil de las personas elegidas para los enterramientos subsidiarios de los faraones era muy variado (sirvientes, agricultores, soldados…). No obstante, algo que los arqueólogos no esperaban encontrar era personas con enanismo. Concretamente, hallaron los restos óseos de tres individuos diferentes y dos estelas en las que aparece la clara silueta de personas con esta condición (Dawson, 1938, p. 186).

Esto puede tener mucho sentido si recordamos que los enanos gozaron de notable privilegio en las cortes de los faraones egipcios durante gran parte de su historia, ostentando puestos privilegiados en el gobierno. También, eran muy cotizados los pigmeos, que son un grupo étnico del interior de África de muy baja estatura y que los egipcios querían tener para amenizar sus veladas y celebraciones, pues solían emplearlos como bailarines. De hecho, el faraón Pepi II, de la VI Dinastía, ordenó a uno de sus altos funcionarios, llamado Herkhuf, que viajara al sur de Nubia y trajera para él a un pigmeo. Durante el viaje de vuelta, el faraón le pidió que protegieran al pigmeo constantemente para que no le ocurriera nada y, si conseguía llevarlo sano y salvo hasta su palacio, le entregaría una grandísima recompensa. Parece ser que así fue y el faraón, que en ese momento era un niño, pudo disfrutar de su pigmeo como si fuera «un nuevo juguete».

También, encontramos enterramientos de hombres jóvenes que hacen pensar a los egiptólogos algo aún más terrorífico. Y es que los sacrificios humanos que llevaban a cabo los faraones de la I Dinastía podrían haberlos hecho pensando en eliminar a la posible competencia de los futuros faraones. De este modo, mataban dos pájaros de un tiro: el nuevo faraón no tenía rivales, y estos eran utilizados como sirvientes en el más allá.

Sin lugar a dudas, el Egipto de la I Dinastía fue mucho más virulento que el de las dinastías posteriores. Esto era así porque, en ese momento, la monarquía era nueva y tenía que consolidarse. Por ello, se cree que, cuando el faraón había designado a uno de sus hijos como futuro gobernador, mandaba asesinar al resto de sus hermanos y otros individuos que podrían ser potenciales faraones, para dejarle de esta manera el camino libre al gobierno de su hijo. Aunque es cierto que no existe un consenso claro sobre este hecho, las últimas investigaciones (Campbell, 2014) demuestran que los individuos enterrados junto a los faraones son varones jóvenes con una alta nutrición, lo que hace suponer que poseían un estatus elevado y, por ende, debían ser personas cercanas al rey.

Otro grupo poblacional que se ha localizado en enterramientos subsidiarios son mujeres que bien podrían ser sirvientas, bailarinas, concubinas o, incluso, esposas que acompañaban al faraón en la otra vida. Y es que se cree que se podía seguir el mismo *modus operandi* que en los enterramientos de hombres jóvenes. Esta hipótesis parte del hecho de que el faraón tenía descendencia de diferentes esposas y todas estas deseaban que su primogénito llegara a ser rey y faraón de Egipto. Por ello, es probable que se asesinara a esas mujeres para evitar que estas se interpusieran en el trono del faraón elegido y ocasionaran problemas durante su reinado.

De hecho, en la tumba del faraón Djer (mencionado con anterioridad, cuyas tumbas subsidiarias poseen el mayor número de sacrificios), se ha encontrado que la mayoría de las personas enterradas eran mujeres y, concretamente, dos de ellas (localizadas muy cerca de la tumba del rey) se identifican como reinas. Quién sabe si, de no haber sido porque el hijo de Merytneit se convirtió en el nuevo faraón, la reina hubiera formado parte de los sacrificios humanos en el entierro de su marido.

Lo cierto es que es sobrecogedor imaginar la vida de Merytneit. Debió de ser un infierno, pues se cree que tuvo que presenciar el sacrificio y el enterramiento de cientos de personas que componían parte de la corte y que serían amigos y familiares, ya que estos formaron parte del ritual de enterramiento de su difunto esposo Djet.

El cómo se hacían las ejecuciones no se sabe a ciencia cierta. El famoso arqueólogo Flinders Petrie afirmó que algunos de los cuerpos encontrados en las tumbas subsidiarias presentaban signos de haber estado vivos en el momento de su entierro (Teeter, 2011). Un hecho que haría corroborar esta idea es que se han encontrado a algunos individuos con las manos cubriendo su boca y su nariz como mecanismo de protección. No obstante, en la época de excavaciones en las que trabajó el arqueólogo Petrie, no se empleaban las técnicas meticulosas que existen hoy en día. Además, en estudios posteriores, se ha demostrado que no había signos de violencia en los cuerpos, por lo que, de momento, la idea de que eran enterrados vivos se considera una percepción del arqueólogo que no ha podido corroborarse.

Necrópolis de Omm el-Qaab, en Abidos.
(Fotografía cedida por cortesía de Nacho Ares).

Lo más aceptado en la comunidad de egiptólogos es pensar que la ejecución se llevaba a cabo mediante algún tipo de sustancia venenosa o mediante estrangulamiento, lo cual explicaría por qué no se han encontrado signos de violencia en sus cuerpos.

Lo cierto es que los sacrificios humanos no eran extraños en la mayoría de las civilizaciones del pasado. Se han evidenciado en la civilización china, india, romana, azteca, maya y un larguísimo etcétera. Muchos de estos sacrificios eran tremendamente horribles y sangrientos. Por comentar algunos ejemplos sorprendentes, encontramos que los celtas, que también sacrificaban humanos, según Julio César, crearon una figura humana colosal de mimbre y en su interior introdujeron a las personas que iban a ser sacrificadas. Después de una serie de ritos y ceremonias, la colosal figura de mimbre era quemada con las personas en su interior, muriendo de una manera agónica. Otro ejemplo lo encontramos con los lusitanos, en la península ibérica, donde tras los sacrificios contaban con adivinos que podían hacer presagios o vaticinios observando y analizando las entrañas de las víctimas. El historiador Estrabón, en su libro *Geografía*, dice lo siguiente:

> Los lusitanos son dados a los sacrificios y examinan las entrañas sin separarlas del cuerpo; se fijan además en las venas del cuerpo y adivinan palpándolas. Hacen también predicciones con las entrañas de sus cautivos de guerra, a los que cubren con sayos. Luego, cuando son heridos por el arúspice en las entrañas, adivinan en primer lugar por la forma en la que estas caen. Por último, cortan las manos derechas de sus prisioneros y las ofrecen a sus dioses.

Asimismo, son bien conocidos los sangrientos sacrificios humanos que se llevaban a cabo en las pirámides aztecas y mayas, donde se calcula que morían decenas de miles de personas todos los años. En estos sacrificios, se les extraía el corazón y su sangre era ofrecida a los dioses. Además, se han registrado casos de canibalismo de muchos de estos sacrificados en la América precolombina.

Otro ejemplo impresionante es el de la momia Juanita, perteneciente al Imperio inca. Parece ser que su destino estaba escrito desde que nació, ya que se encontró con el cordón umbilical en la mano, lo que hace sospechar que se seleccionó desde su nacimiento para ser sacrificada a la edad de trece años, aproximadamente. Con la finalidad de adorar a los dioses, subió a lo más alto de una gran montaña y allí, mientras estaba arrodillada, alguien le propinó un brutal golpe en el cráneo que le causó una hemorragia interna que acabó con su vida.

Afortunadamente, en el Antiguo Egipto los rituales no eran tan sangrientos debido a que, a diferencia de otras civilizaciones, donde la inmensa mayoría de sacrificios humanos se llevaban a cabo con prisioneros de guerra o esclavos, en la I Dinastía se hacían con los seres queridos, con personas cercanas al faraón. Por lo tanto, se cree que intentaban que sus muertes fueran lo menos dolorosas posibles.

En la época sumeria (muy influenciada por la civilización egipcia), también se han encontrado enterramientos como los que hemos visto en la tumba de la faraona Merytneit y los demás faraones de su dinastía. Sin embargo, hay uno que destaca por ser espeluznante, y es el hallado en la ciudad de Ur. Tanto es así que Leonard Woolley, su descubridor, nombró a la tumba con el nombre de la Gran Fosa de la Muerte.

LA GRAN FOSA DE LA MUERTE

Durante la primera mitad del siglo pasado, el arqueólogo británico Leonard Woolley encontró enterramientos en el cementerio de la ciudad de Ur —hoy, Tell Muqqayar, al sur de Irak— que databan del año 2900 a. C. al 2300 a. C. Entre cientos de tumbas, identificó dieciséis como enterramientos reales debido al rico ajuar funerario que poseían y, sobre todo, por los restos óseos de sacrificios humanos. En una de las tumbas halló el cuerpo de un hombre rodeado de objetos tan increíbles como dagas de oro con empuñadura de marfil, objetos de plata, lapislázuli o un precioso casco, también de oro.

Poco después, descubrió la tumba de Puabi y, aún hoy, se sospecha que era una posible reina. El motivo para creer esto fue lo que se descubrió en el interior de dicha tumba. El suelo estaba repleto de cadáveres de personas que habían sido sacrificadas para que acompañaran a la difunta en el más allá. Además, había infinidad de objetivos de oro que resplandecían por todas partes: un precioso tocado floral de oro, una copa (también de oro) en la que destacaba una especie de pajita que servía a la vez de asa y que, como curiosidad, se usaba para beber la cerveza evitando la indeseada espuma agria que quedaba arriba, siendo este un invento muy innovador en su época.

Leonard Woolley portando el molde de yeso de una lira de toro sumeria durante las exploraciones arqueológicas en las tumbas reales de Ur.

Fotografía de las excavaciones en Ur. En el centro, Charles Leonard Woolley y su esposa Katherine, quien trabajó como auxiliar del arqueólogo.

Bajo esta tumba, descubrió otra aún más impresionante, la del posible marido de Puabi. En ella encontró medio centenar de personas sacrificadas; soldados, aurigas, miembros de la corte, bailarinas, músicos, etc. Incluso, bueyes sacrificados que se introdujeron dentro de la tumba con sus carros.

Sin embargo, estos enterramientos quedan relegados a un segundo plano al conocer la tumba a la que el arqueólogo Woolley denominó la Gran Fosa de la Muerte debido al increíble número de personas sacrificadas que halló en su interior.

En esta tumba aparecieron restos óseos de un grupo de soldados ataviados con sus armaduras y armas, que parecían estar preparados para defender el sarcófago. Un poco más adentro, había hileras de decenas de mujeres, aurigas, músicos y sirvientes de todo tipo. En total, halló más de setenta personas que sacrificaron su vida para ayudar al rey en el más allá. Lo más increíble de todo es que, según se cree, todos ellos accedieron hasta las tumbas siguiendo un ritual (que debió de ser similar al realizado en el Antiguo Egipto), voluntariamente. Así, mientras que los músicos tocaban, todos iban bebiendo un brebaje altamente tóxico, quedando inconscientes poco después y falleciendo en el interior de la tumba. Luego, alguien accedió para colocar los cuerpos en la posición acordada y acabar con la vida de los bueyes. Finalmente, se selló la puerta para siempre.

Afortunadamente, los sacrificios humanos en Egipto dejaron de realizarse cuando la I Dinastía llegó a su fin. Los faraones que les sucedieron encontraron una solución para poder seguir disfrutando de la ayuda de sirvientes, bailarinas, músicos… en el más allá y no acabar con la vida de las personas de su corte. Para ello, crearon unas pequeñas estatuillas que se colocaban en el interior de las tumbas, junto a los sarcófagos. Eran los *ushebtis* o *shabtis*. Estas pequeñas estatuas solían tener aspecto de momia, pues también debían estar momificados para ir al inframundo, y solían presentar inscripciones con el nombre del difunto, además de tener azadas o herramientas de labranza. De este modo, las estatuillas cobraban vida en el otro lado y se convertían en fieles sirvientes para toda la eternidad.

En la tumba de Merytneit, en la ciudad de Abidos, no hay ni rastro de sus restos óseos, pero se han hallado en las cámaras que rodeaban su tumba objetos de todo tipo que debieron de ser de un valor incalculable en su época. Entre los objetos que más han llamado la atención, se encuentra uno que sobresale por encima del resto y que sorprendió a todo el mundo cuando fue descubierto: una gran cantidad de tinajas de vino.

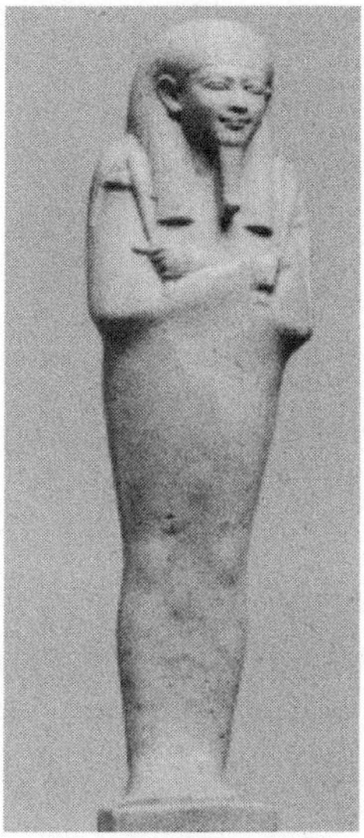

Shabti funerario.

MANJARES Y LUJOS EN EL MÁS ALLÁ

En el año 2023, un nuevo hallazgo en la tumba de Merytneit recorrió todas las portadas del mundo de la egiptología. Se descubrió que la reina no solo quiso llevar consigo a sus seres queridos y sirvientes, sino que también quería disfrutar en el más allá de una gran cantidad de lujos, como aceites y ungüentos perfumados, o los mejores manjares. Por ello, decidió ser enterrada junto a algunos de los mayores manjares de su época, entre los que destacaba, como ya hemos mencionado, una gran cantidad de tinajas de vino.

El vino era un producto que tenía un alto valor en el Antiguo Egipto y estaba reservado a las clases más altas de la sociedad. Tal era su valor que los arqueólogos se sorprendieron al descubrir que en la tumba de la reina las tinajas estaban selladas, en un estado de conservación perfecto, tal y como las dejaron hace miles de años. De hecho, también se encontraron semillas intactas de las uvas con las que se elaboró el vino, por lo que es evidente que la reina quería continuar teniendo viñedos en el más allá.

Otro llamativo elemento hallado en su tumba es la cerveza, que era una bebida más común que el vino. Una curiosidad a este respecto es que la fábrica de cerveza a nivel industrial más antigua del mundo se ubica relativamente cerca del cementerio de Umm el-Qaab, donde está la tumba de la reina, y data, precisamente, de la Dinastía I, a la que pertenece Merytneit.

No obstante, la cerveza no solo estaba presente entre los altos cargos de Egipto, sino que también influía en los mismísimos dioses. Uno de los mitos egipcios es el atribuido a la diosa Sejmet (una divinidad feroz con aspecto de leona). Se cuenta que esta inició una gran venganza contra los humanos, acabando con ellos de tal manera que llegó a teñir las aguas del Nilo de color rojo por la sangre derramada. El dios Ra, queriendo frenar la devastación provocada por Sejmet, ideó un astuto plan que consistía en mezclar un pigmento rojo con miles de jarras de cerveza con el fin de hacerlas parecer sangre, y se lo entregó a Sejmet para que lo bebiera, pues se alimentaba de este vital líquido. Tal fue la embriaguez de la diosa que se dice que olvidó la venganza contra los humanos, volviendo, de este modo, la paz a la tierra. En honor a esta divinidad, durante el Egipto grecorromano, se llevó a cabo una celebración conocida como Festival de la Embriaguez, donde todo el mundo bailaba, cantaba y, sobre todo, bebía alcohol en ingentes cantidades.

Lo de enterrarse con comida y bebida era una costumbre que se mantuvo durante todos los años que duró la civilización egipcia. Si antes hablábamos de que en el más allá necesitaban realizar las labores de labranza y demás trabajos, también necesitaban comer y beber. Por ello, se enterraban con la comida con la que deseaban alimentarse durante la eternidad. Por ejemplo, en la tumba de Tutankamón se encontraron decenas de cajas con carne en su interior.

Lo cierto es que la alimentación de los faraones era una auténtica delicia. El palacio real contaba con cazadores y pescadores que debían de ser del más alto nivel para abastecer a la familia real con las mejores piezas, y el río Nilo era muy abundante en peces y aves acuáticas. La agricultura también era fundamental para la alimentación egipcia, pues gracias a ella obtenían todo tipo de cereales, frutas y verduras. Sabemos que cultivaban higueras, palmeras, azufaifos, sicomoros, sandías, pepinos, lechugas, puerros, cebollas o ajos, entre muchos otros productos. Aunque, si había un alimento que era fundamental en la dieta egipcia era, sin duda, el pan. Tanto es así que desde el Reino Antiguo existían hasta quince palabras para denominarlo, y en el Reino Nuevo se han llegado a contabilizar hasta cuarenta clases de pan diferentes. Estos tenían todo tipo de formas y cada uno estaba compuesto por distintos ingredientes. Por ejemplo, podían añadir miel o dátiles para endulzar las comidas o elaborar postres. De hecho, también se ha encontrado miel en la tumba de Merytneit, ya que este era un ingrediente fundamental en la tradición culinaria egipcia.

Pintura mural que podría representar el Festival de la Embriaguez en honor a la diosa Sejmet. La música y la danza no podían faltar en los grandes banquetes egipcios. Como se puede observar a la derecha de la imagen, tampoco el vino, recogido en tinajas para su degustación.

Todas las faraonas que aparecen en este libro gozaban de los mejores manjares del reino. En su alimentación, había todo tipo de preparativos para los banquetes que debían de comenzar por la mañana. En este momento, el personal encargado comenzaba preparando el pan y la cerveza, descuartizaban a los animales y los iban cocinando. Tras esto, adornaban la mesa con flores y canastas de frutas antes de que llegara la familia real. Para amenizar las comidas, en ocasiones se contrataban a músicos y bailarinas.

Se dice que el vino era servido por coperos que se acercaban a los comensales cuando querían beber y les ofrecían dicha bebida en bandejas. De hecho, hay una inscripción muy curiosa en el interior de la tumba de Paheri, uno de los más altos funcionarios durante su época en la Dinastía XVIII, que dice: «Sírveme más vino. Me gusta hasta la embriaguez» (Cimmino, 2002, p. 318), demostrando el alto consumo que podían llegar a tener algunas personas hacia este tipo de bebidas alcohólicas. ¿Sería Merytneit como Paheri y por eso decidió enterrarse con una cantidad de vino tan elevada?

Sea como fuere, tras la muerte de Merytneit sucedió lo que personalmente llamo «la maldición de las faraonas», ya que los monarcas que gobernaron creían que el liderazgo de Egipto estaba reservado exclusivamente a los hombres y consideraban a estas mujeres como malditas y usurpadoras del trono, por lo que perseguían y eliminaron cualquier rastro de su existencia. Lamentablemente, esto es algo que veremos asiduamente en los capítulos venideros.

En el caso de Merytneit, el Instituto Arqueológico Alemán descubrió en la necrópolis de la ciudad de Abidos una lista real datada en el reinado del faraón Qaa, quien gobernó durante la I Dinastía. En ella, el nombre de Merytneit ya no estaba reflejado, lo que provocó que cayera en el olvido durante los próximos 4800 años.

A pesar de todo, no me cabe la menor duda de que Merytneit fue una avanzada a su tiempo, pues no encontramos el reinado de otra faraona hasta mil años más tarde, con la llegada de Sobekneferu, una reina cuya historia tampoco te dejará indiferente.

JENTKAUS

Un nombre para dos reinas

A lo largo de los años, y gracias a los extraordinarios trabajos arqueológicos e historiográficos que nos permiten viajar al pasado, hemos ido conociendo la vida de multitud de reinas del Antiguo Egipto. Cada una de ellas, protagonistas de historias apasionantes y repletas de curiosidades.

Pero, si tuviéramos que elegir, de cuantos relatos y leyendas se han estudiado, uno de los casos más misteriosos a los que se han enfrentado (y se enfrentan aún hoy) los expertos, posiblemente tendríamos que hablar de un nombre en concreto, el de Jentkaus, que les sirvió a dos reinas egipcias pertenecientes a dinastías diferentes, la IV y la V, y que dejaron de considerarse como simples esposas reales a ser estimadas como máxima autoridad en un momento determinado de la historia de Egipto. Todo ello, a raíz del hallazgo de dos curiosas inscripciones, cuyo desciframiento está volviendo locos a los egiptólogos y que podría demostrar que ambas reinas llegaron a convertirse un día en faraonas.

LA PRIMERA JENTKAUS

El arqueólogo egipcio Selim Hassan llevó a cabo un descubrimiento impresionante en la meseta de Guiza, junto a las grandes pirámides, donde, tras excavar una tumba durante los años 1932 y 1933, encontró una inscripción en la entrada a la misma que decía: «La que preside en sus potencias creadoras, madre del Alto y Bajo Egipto, hija de dios, por quien se cumplen todas las buenas cosas que ella formula» (Jacq, 1997, p. 47).

Se trataba de la tumba de Jentkaus I, ubicada a los pies del complejo funerario del faraón Micerinos, en la meseta de Guiza, donde, a pesar de ser uno de los lugares turísticos más visitados en todo el mundo, pasa casi inadvertida. Y es que la tumba de la reina tiene un aspecto realmente curioso e inusual.

Pirámide de la reina Jentkaus I en el complejo funerario de Micerinos, situado en la meseta de Guiza.

Originariamente, parece que se realizó una mastaba a la que se le sumó una nueva construcción en la parte superior, como si fuera una pirámide escalonada o una mastaba de dos plantas. Se trata, por lo tanto, de una curiosa mastaba con forma cuadrada y de casi dieciocho metros de alto, aunque también es denominada a menudo como una pirámide. Resulta muy inusual una construcción de este tamaño para el enterramiento de una reina, pues la tumba de su esposo es similar, demostrando la importancia que tenía Jentkaus I.

El enigma de la reina aumenta aún más cuando se habla de su descendencia, pues se sospecha que pudo ser la madre de varios faraones, como Userkaf, Sahura y Neferirkara. Lo más curioso de todo es que se encontró un papiro, conocido como el Papiro Westcar, en el que se describía el nacimiento divino de los tres primeros faraones de la V Dinastía, y eran, precisamente, los que se cree que podrían ser hijos de Jentkaus I. El papiro narra lo siguiente:

> Isis se colocó delante de ella, Neftis detrás de ella, Heqet aceleró el parto. Isis dijo entonces: «¡No te muestres poderoso en su seno, en este nombre de Userkaf que será en adelante el tuyo!». Y este niño se deslizó en sus manos: un niño de un codo de alto, de huesos sólidos, articulaciones de oro y peinado de lapislázuli verdadero. Lo lavaron, su cordón umbilical fue cortado y fue colocado sobre una banqueta de ladrillos. Meskhenet se presentó entonces delante de él y dijo: «Es un rey que ejercerá la realeza en todo el país», mientras que Khnum daba integridad a su cuerpo. [Tallet, 2022, p. 55].

Este es el texto que encontramos en el Papiro Westcar acerca del nacimiento del faraón Userkaf, pero existen dos escritos más en los que se describe de manera similar el alumbramiento de los otros dos faraones. De hecho, en el papiro se dice que son trillizos, los cuales salen del vientre de una reina llamada Redjedet, cuyo nombre podría ser ficticio y tener una historia basada en la vida de Jentkaus I.

Lo complicado en esta historia es que el papiro se elaboró cientos de años más tarde de la existencia de la reina. Además, se trata de un documento repleto de elementos fantásticos, donde, por ejemplo, un mago es capaz de volver a pegar la cabeza al cuerpo de varios animales decapitados, devolviéndoles la vida como si nada hubiera pasado. Por ello, los egiptólogos están de acuerdo en que en el Papiro Westcar se mezclan elementos ficticios con elementos reales, y por ello es extremadamente complejo poder determinar cuáles son ciertos y cuáles inventados.

Lo que sí se cree de la vida de Jentkaus I (ya que de ella se conoce muy poco) es que era hija del faraón Micerinos, por lo que debió de vivir en el harén y estar rodeada de los mayores lujos del reino. Esto explicaría el motivo por el cual la tumba de la reina se encuentra junto a la famosa pirámide del faraón. Y otro dato que se conoce es que contrajo matrimonio con Shepseskaf, quien también pudo ser hijo de Micerinos. Este faraón se construyó una impresionante mastaba de dieciocho metros de alto en Saqqara, conocida como el Faraun, la cual muchos han definido como una tumba-sarcófago, puesto que su aspecto guarda similitud con un gigantesco sarcófago de piedra de cien metros de largo por setenta y cinco de ancho, lo cual no deja de ser curioso, pues ambos decidieron romper con la tradición de sus antepasados de enterrarse en una pirámide y prefirieron hacerlo en mastabas, aunque, como hemos comentado, la de Jentkaus I se denomina en ocasiones «pirámide» por su forma, ya que su interior no tiene nada que ver con estas famosas construcciones.

LA INSCRIPCIÓN QUE PODRÍA CAMBIARLO TODO

Sin duda, lo más enigmático de esta reina y por lo que recibe un capítulo propio en este libro es por una extraña inscripción hallada a la entrada de su complejo funerario. Allí se puede leer: *Mut nesut bity nesut bity*, cuya traducción al castellano puede interpretarse de dos maneras muy distintas.

Por un lado, la traducción podría ser «Madre de dos reyes del Alto y del Bajo Egipto». En tal caso, Jentkaus I sería la madre de Userkaf y Sahura, que fueron los dos primeros faraones de la V Dinastía (teoría que creen algunos egiptólogos). Existe la posibilidad de que ambos hijos de Jentkaus I fueran gemelos y tal vez por eso en el Papiro Westcar encontramos la representación de un parto múltiple. Aunque es una conjetura y no coincide exactamente con el relato en el cual se habla de trillizos.

Por otro lado, la inscripción también se podría traducir como «Rey del Alto y del Bajo Egipto, y madre de un rey del Alto y del Bajo Egipto». De ser correcta esta otra traducción, la figura de Jentkaus I cobraría aún más protagonismo, pues estaríamos hablando de que se convirtió en una de las pocas mujeres que llegó a ser faraona.

Grabado de Jentkaus I sobre una pared de su tumba. A la derecha, aparece remarcada la silueta de la reina, donde se puede apreciar que ostenta atributos masculinos propios de los faraones, como la barba y el *uraeus*.

Si esta teoría estuviera en lo cierto y Jentkaus I hubiera llegado a dirigir el gobierno egipcio, tendría que haber sido tras la muerte de su esposo Shepseskaf y previo al reinado de su hijo Userkaf. De hecho, en ese mismo periodo encontramos la figura de un faraón muy misterioso del que no se sabe prácticamente nada. Manetón, en su libro *Historia de Egipto,* en el cual dio orden a la cronología de Egipto, menciona a un tal Tamftis, un faraón también llamado Dyedefptah, del cual no se sabe nada, aunque se cree que pudo ser el último faraón de la IV Dinastía. Por tanto, hay quien ve en este enigmático faraón, que aparece en ocasiones entre Shepseskaf y Userkaf, a la reina Jentkaus I convertida en faraona. ¿Es posible que la reina adoptara el nombre de Dyedefptah para su coronación?

Las pruebas de su posible reinado como faraona van más allá. En su tumba, hay un grabado en el cual aparece con una pequeña barba postiza muy similar a las famosas barbas de los faraones. De hecho, Jentkaus I es la primera mujer en toda la historia en representarse con este elemento tan característico. También se le puede ver llevando un *uraeus* en su cabeza, es decir, la cobra erguida con la que solían representarse los reyes. Todo esto ha hecho sospechar a muchos egiptólogos de su posible gobierno como faraona.

En cualquier caso, el papel que jugó durante su época tuvo una gran relevancia, pues marcó el final de la IV Dinastía, convirtiéndose, al menos, en madre del primer faraón de la V Dinastía. Aunque lo más curioso de todo es que la historia bajo el nombre de Jentkaus no acaba aquí, pues muy poco tiempo después apareció una nueva reina llamada de igual manera, a la que se le conoce como Jentkaus II.

LA OTRA JENTKAUS

Si te ha parecido interesante la historia de la reina de nombre Jentkaus, la de Jentkaus II también te sorprenderá. Y es que es realmente llamativa la similitud que existe entre ambas reinas: comparten nombre; tuvieron el mismo número de hijos (se sospecha que dos cada una), los cuales gobernaron como reyes, y, para colmo, tal vez las dos llegaron a ser faraonas. Por todo esto, en muchas ocasiones ambas reinas han sido confundidas y los egiptólogos discuten sobre cuál fue el verdadero papel de cada una.

De Jentkaus II se sabe que fue la esposa de Neferirkara, el tercer rey de la V Dinastía, quien construyó una pirámide para su descanso eterno en Abusir. Junto a esta pirámide encontramos otra de menor dimensión en la que se enterró a Jentkaus II, y es gracias a dicha construcción que sabemos de la existencia de esta reina. Desgraciadamente, cuando se descubrió la tumba de Jentkaus II ya había sufrido el paso de los saqueadores, por lo que tan solo se encontró parte del sarcófago de granito rojo que había en la cámara funeraria de la pirámide.

Pirámide de la reina Jentkaus II en Abusir.

Al igual que la anterior reina homónima, se cree que dos de sus hijos llegaron a ser faraones. El primero, llamado Neferefra, reinó durante un periodo breve, en torno a siete años, mientras que el segundo, conocido como Niuserra, sí tuvo un largo reinado de aproximadamente treinta años.

Hay motivos suficientes para pensar que Jentkaus II se convirtió en reina regente después de la muerte de Neferefra y el ascenso de Niuserra, debido a ciertas prácticas que parecen ser propias de un líder con suficiente potestad y no una mera esposa real. Un ejemplo lo tenemos en la pirámide de Jentkaus II, que comenzó siendo un anexo del complejo funerario de su esposo Neferirkara, pero que, tras su construcción, precisamente durante el reinado de Niuserra, vivió una gran ampliación, en la que se añadieron cinco almacenes. Esto podría evidenciar el aumento de poder de la reina al convertirse en regente y, tal vez, en faraona absoluta.

Asimismo, llama poderosamente la atención que, junto a la pirámide de la reina, se instalara otra de menor tamaño, como las pirámides satelitales vinculadas al *ka* de los faraones, un elemento reservado para los reyes. Y, por si fuera poco, al igual que sucedió con Jentkaus I, en el complejo funerario de Jentkaus II también se halló una inscripción en la que se puede leer *Mut nesut bity nesut bity*, que igualmente podía significar tanto que había sido madre de dos faraones, como que había sido faraona y madre de un faraón.

Además, entre los restos de su complejo funerario hay representaciones de la reina en la que se le puede ver sentada en un trono, llevando un cetro y con un *uraeus* sobre su frente, elementos reservados a la figura de los monarcas.

Por tanto, lo más probable es que, tras la muerte de su marido Neferirkara, subiera al trono uno de sus hijos, Neferefra. Sin embargo, tras morir este repentinamente, debió asumir el cargo su otro hijo, Niuserra, quien, por otra parte, podría por entonces ser aún muy joven, tal vez un niño; por esa razón existe la posibilidad de que Jentkaus II ejerciera la regencia durante sus primeros años, obteniendo así un poder tan grande que le habría permitido el lujo de aumentar su complejo funerario y representarse con los elementos típicos de los faraones.

Como curiosidad, frente a su pirámide se construyó un templo fúnebre en el que se colocaron impresionantes estatuas de la reina. Y aunque estas piezas han desaparecido, un equipo de arqueólogos checos encontró algunos papiros en los que se detallaban dichas obras. Gracias a esto, se sabe que las estatuas, que debían de ser colosales, se elaboraron en madera y tenían incrustaciones de diferentes materiales, como lapislázuli para el pelo, ágata para los ojos y marfil, plata, electro y cobre para otros elementos que formaban parte de su cuerpo. Sin duda, debían de ser unas figuras extraordinarias, tan imponentes que no es de extrañar que fueran saqueadas en la Antigüedad.

La historia remota de la civilización egipcia está repleta de este tipo de enigmas que pueden llegar a ser de lo más excitantes. Lamentablemente, se sabe prácticamente nada acerca del árbol genealógico de las IV y V Dinastías. Dependiendo del egiptólogo al que leamos, encontramos una información u otra muy distinta. Así que serán necesarios nuevos descubrimientos arqueológicos y estudios historiográficos para poder dejar claro quiénes fueron estas reinas tan misteriosas del Antiguo Egipto que no solo compartieron nombre, sino también leyenda.

Grabado de la reina Jentkaus II en el interior de su tumba, donde aparece representada con cetro y *araeus*, distintivos de los faraones.

NITOCRIS

Una faraona de leyenda

Imagina que acaban de asesinar a tu hermano, el faraón, y esto provoca que seas la heredera de todo su poder, incluido el trono de Egipto. Para vengar la muerte de tu querido hermano, decides llevar a cabo un plan preciso en el que organizas una comida multitudinaria en una zona concreta que servirá como trampa, esto es, una sala subterránea. Los invitados van llegando —entre ellos, los asesinos de tu hermano— y, cuando todos están disfrutando a raudales del festín culinario, ordenas abrir una compuerta que permite la entrada de una gran cantidad de agua procedente del Nilo, ahogando y terminando así con la vida de los asesinos del faraón. No obstante, a pesar de que tu plan ha salido a la perfección, te invade un insoportable sentimiento de culpabilidad y decides acabar con tu vida lanzándote a unas brasas.

Esta historia, digna de una novela de ficción, es lo que se dice que le ocurrió a la faraona Nitocris. Pero ¿qué hay de cierto en todo ello?

A Nitocris se la ubica en la VI Dinastía, concretamente en el año 2184 a. C., cuando se estima que podría haber ascendido al puesto de faraona. Se dice que, después del faraón Pepi II, quien tuvo el reinado más longevo de toda la historia (en torno a noventa años en el poder), subió al trono de Egipto Merenra II, cuyo reinado fue breve. Se sospecha que la persona elegida para suceder a este faraón no fue otra que Nitocris, de la cual se especula que podría ser hermana y esposa de Merenra II.

La historia de Nitocris es muy curiosa, puesto que estamos ante una mujer que, o bien pudo ser faraona o, por el contrario, ni siquiera llegó a existir. De haber sido faraona, sería una de las primeras mujeres de la historia en conseguirlo. Sin embargo, uno de los temas que más controversia genera es el de la propia existencia de Nitocris. ¿Acaso estamos ante una reina legendaria?

ENTRE LA VERDAD Y EL MITO

Hay muchos investigadores que creen y defienden la existencia de Nitocris, basándose en las diferentes referencias hacia su persona halladas en varios textos antiguos. El famoso historiador Heródoto escribió sobre ella, relatando la historia con la que hemos comenzado este capítulo. El griego se refiere a ella en estos términos:

> Después de este rey, los sacerdotes enumeraban, consultando los registros, los nombres de otros trescientos treinta reyes. En tantísimas generaciones había dieciocho etíopes, y los restantes eran egipcios, todos hombres, salvo una mujer, que, por cierto, se llamaba igual que la reina de Babilonia, Nitocris. Dice que accedió al trono después del asesinato del rey, su hermano, y entonces ella, para vengarse, mató alevosamente a muchos egipcios. Para ello hizo construir una enorme cámara subterránea y, con el pretexto de inaugurarla, invitó a un banquete a muchos de los que sabía que eran los principales responsables del asesinato. Pero su intención era otra: cuando estaban en pleno festín, abrió un conducto secreto y el agua del río se

les vino encima. Cumplida su venganza, la reina, para evitar el castigo, se arrojó a una estancia llena de brasas. Esto es todo lo que me contaron sobre ella.

Heródoto dice que, tras el gobierno de Nitocris, Egipto se sumerge en un periodo de inestabilidad, confusión y caos. Este dato es muy significativo, ya que Nitocris es identificada como la última faraona de la VI Dinastía, tras la cual comenzó el Primer Periodo Intermedio. En el siglo III a. C., el historiador Manetón llevó a cabo una lista completa de los reyes de Egipto, concluyendo que Nitocris fue la última de los gobernantes de la VI Dinastía. Así la describe:

> Hubo una mujer, Nitocris, que reinó; era más valiente que todos los hombres de su tiempo, y era la más bella de todas las mujeres; dotada de una hermosa piel y de rojas mejillas. Se dice que construyó la tercera pirámide. Reinó durante doce años.

Cuando Manetón hace mención a la tercera pirámide, no especifica el lugar exacto y, por lo tanto, de las cientos de pirámides que existen es imposible saber a cuál se refiere. Algunos investigadores creen que habla de las tres pirámides de la meseta de Guiza, por lo que se le achacaba la construcción de la pirámide de Micerinos. Además, hay quienes creen que Nitocris pudo llevar a cabo algunas obras en esa zona, y por eso se le asigna tal construcción, pero no hay ninguna prueba para creer algo así. No obstante, a pesar de la controversia, existen textos que, aunque muy alejados de su época, nos hablan de ella y de su existencia. Pero ¿hay alguna evidencia arqueológica que pueda demostrar la existencia de esta reina?

En los anales de la época ramésida existe un papiro conocido como Canon Real de Turín o Papiro Real de Turín y que configura una de las listas de reyes más famosas del Antiguo Egipto; de hecho, en ella encontramos nombres de faraones que de otra manera no sabríamos de su existencia. Pues bien, en este papiro, justamente a finales de la VI Dinastía, donde se ubica a Nitocris, aparece el nombre de un desconocido faraón que muchos han relacionado con la misteriosa faraona. Este nombre es el de Nt-ikrt o Neitikerti. Junto a él, aparecen representados los títulos de la realeza, con los símbolos del Alto y del Bajo Egipto.

Es cierto que ambos nombres, el de Nitocris y el de Neitikerti, comparten rasgos fonéticos similares y, por lo tanto, siempre se ha creído que eran la misma persona. Pero lo más intrigante de todo es que ninguna de estas personas se encuentra representada en estatuas, relieves, tumbas o monumentos. De hecho, no hay absolutamente nada que nos pueda dar una pista sobre su verdadera existencia. Por lo tanto, a pesar de los textos de los historiadores antiguos, muchos investigadores modernos sostienen que, en realidad, se trata de una reina ficticia que ha surgido tras la mezcla o confusión de algunos nombres y listas a lo largo del tiempo; algo que podría tener sentido, pues desde el final de la VI Dinastía hasta que Heródoto habla de ella pasaron miles de años.

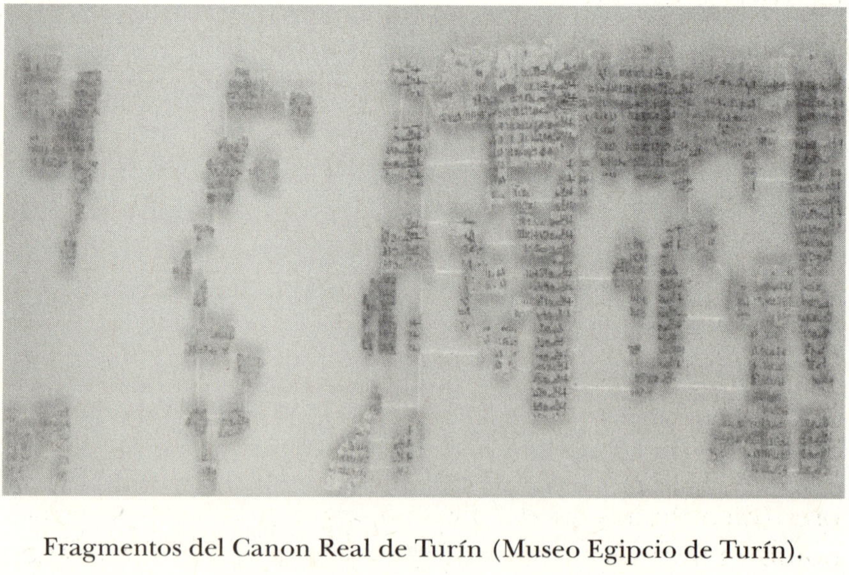

Fragmentos del Canon Real de Turín (Museo Egipcio de Turín).

Lo más curioso de todo es que hace relativamente poco se descubrió un error en el Canon Real de Turín. Este papiro, con algunas zonas en muy mal estado de conservación y muy fragmentado, ha vuelto locos a los egiptólogos desde que fue descubierto. Ordenar todos los fragmentos en el lugar correcto sin equivocarse es una auténtica odisea, aunque, gracias a la tecnología, se han podido estudiar detenidamente las fibras con las que está formado, para ver cómo encajan cada una entre sí, como si fuera un puzle. De modo que, siguiendo este método, se ha podido añadir un nuevo fragmento al papiro que amplía el nombre de Neitikerti, pasando a llamarse Neitikerti Siptah. Esto es algo muy significativo, pues, al parecer, Siptah es un nombre masculino que significa «hijo de Ptah», por lo que se sugiere que Neitikerti era en realidad un faraón, un hombre, y no una faraona a la que se le llamó posteriormente Nitocris.

Para corroborar esta hipótesis se utilizó otra lista de reyes, la Lista Real de Abidos, elaborada por Seti I en su templo, en la ciudad de Abidos. Allí vemos que justamente en la posición en la que aparece Neitikerti Siptah hay un faraón llamado Netjerkara. La mayoría de los egiptólogos coinciden en afirmar que Neitikerti Siptah y Netjerkara son el mismo faraón con distinto nombre. Así pues, todo parece indicar que Nitocris es producto de una mala interpretación de los nombres Neitikerti y Netjerkara. De hecho, ya en el año 1883, el egiptólogo Ludwig Stern sugirió esta hipótesis que se ha visto desarrollada en los últimos años por otro egiptólogo, el profesor Kim Ryholt (2000).

Por lo tanto, la hipótesis más aceptada en la actualidad es la que defiende que originariamente existió un faraón llamado Netjerkara, el cual aparece en la Lista Real de Abidos. Después de esto se creó el Canon Real de Turín, donde añadieron el nombre de Neitikerti Siptah en lugar del de Netjerkara, bien por error o porque se trataba de otro de sus nombres (recordemos que los faraones podían tener hasta cinco nombres distintos). Y, por último, después de miles de años, el nombre de Neitikerti acabó derivando en Nitocris, sobre la cual se creó una historia legendaria.

No obstante, que esta hipótesis sea la más plausible en la actualidad no implica que sea la correcta. De hecho, existen otras muchas conjeturas interesantes. Por ejemplo, el famoso egiptólogo inglés Flinders Petrie propuso la teoría de que Nitocris fue confundida con un faraón llamado Merenra Nemtyemsaf II, ya que creían que la pirámide de Micerinos fue construida por esta reina y confundieron el nombre de Micerinos, que en egipcio es Menkaura, por el de Merenra, debido a su similitud. También hay quien sí cree en la existencia de la reina, pero consideran que fue omitida de las listas reales porque gobernó como regente.

Lo cierto es que los descubrimientos en Egipto no paran de sucederse y las hipótesis cambian constantemente, por lo que estoy convencido de que veremos nuevos hallazgos que contribuyan a esclarecer el misterio que envuelve a la vida de Nitocris y confirmar su participación en la historia, o si, por el contrario, se trata de un mito milenario.

LA PRIMERA CENICIENTA DE LA HISTORIA

Por si todo lo contado hasta ahora fuera poco, añadimos otra curiosa faceta a la enrevesada figura de Nitocris. Y es que parece bastante probable que esta reina fuera aderezada y confundida con la historia de Rodopis, también conocida como Ródope, una joven hetaira griega cuyo nombre significa «mejillas rosadas» (cualidad con la que, curiosamente, se describió a Nitocris), originaria de una ciudad del Delta llamada Naucratis (con bastante similitud al nombre de la supuesta faraona). Y por si estas coincidencias no fueran suficientes, a Ródope se le atribuyó la construcción de la pirámide de Micerinos, la más pequeña de las tres pirámides de Guiza. Esta información es ofrecida por Estrabón, quien vivió aproximadamente entre el año 63 a. C. y el 23 d. C., en su *Geografía*, libro XVII (33), donde podemos leer lo siguiente:

Cuentan la fabulosa historia de que, mientras se bañaba, un águila arrebató una de sus sandalias a su doncella y la llevó a Menfis; y mientras el rey administraba justicia al aire libre, el águila, al llegar sobre su cabeza, arrojó la sandalia a su regazo. Y el rey, conmovido tanto por la hermosa forma de la sandalia como por lo extraño del suceso, envió hombres en todas las direcciones del país en busca de la mujer que llevaba la sandalia; y cuando la encontraron en la ciudad de Naucratis, fue llevada a Menfis [y] se convirtió en la esposa del rey.

Las semejanzas entre esta leyenda y el famoso cuento de la *Cenicienta*, del escritor francés Charles Perrault, son cuando menos llamativas. Es evidente que no aparece ninguna hermanastra malvada ni acontece ningún baile real, pero sí comparten el misterioso caso del zapato (o zapatilla) extraviado y la búsqueda de su propietaria, cuyo pie debía de encajar perfectamente en él para casarse con el rey.

Dibujo inspirado en la leyenda de Ródope y el faraón que se enamoró de ella (archivo personal).

Años más tarde del testimonio de Estrabón, el historiador Eliano repitió la historia de esta «cenicienta egipcia», pero añadiendo algunas variantes. Por ejemplo, afirma que el faraón de la historia era Psamético I, primer faraón de la Dinastía XXVI, que reinó entre los años 664 a. C. y 610 a. C. Este dato puede ser tremendamente significativo, pues, curiosamente, el faraón Psamético I tenía una hija llamada Nitocris.

Y aprovechando que hablamos del faraón Psamético I, me gustaría darme el lujo de hacer un inciso en la historia de Nitocris para mostrarte una de las curiosidades más llamativas de este faraón. Resulta que Heródoto nos cuenta que, antes de la llegada de Psamético al poder, los egipcios creían que ellos eran el pueblo más antiguo que existía sobre la Tierra. Así, al faraón Psamético quería comprobarlo y se le ocurrió un experimento con dos bebés recién nacidos, quienes no tenían ninguna influencia y no habían escuchado nunca a nadie hablar en ninguna lengua. Psamético creía que la primera palabra que pronunciarían sería una originaria del pueblo más antiguo de todos. En cambio, lo que descubrió no era lo que esperaba y su decepción debió de ser mayúscula. Así nos lo cuenta Heródoto:

> Resulta que Psamético, como no podía hallar, pese a sus indagaciones, ninguna solución al problema de quiénes eran los hombres más antiguos, puso en práctica la siguiente idea. Entregó a un pastor dos niños recién nacidos, hijos de las primeras personas que tenía a mano, para que los llevara a sus apriscos y los criara con arreglo al siguiente régimen de vida: le ordenó que nadie pronunciara palabra alguna ante ellos, que permaneciesen aislados en una cabaña solitaria y que, a una hora determinada, les llevara unas cabras, y luego, después de saciarlos de leche, que cumpliese sus restantes ocupaciones. Psamético puso en práctica este plan y dio esas órdenes porque quería escuchar cuál era la primera palabra que, al romper a hablar, pronunciaban los niños, una vez superada la etapa de los sonidos ininteligibles. Y, en efecto, así sucedieron las cosas. Dos años llevaba ya el pastor en este menester, cuando, un día, al abrir la puerta y entrar en la cabaña, los

dos niños, lanzándose a sus pies, pronunciaron la palabra *becós* al tiempo que extendían sus brazos. Como es lógico, la primera vez que la escuchó, el pastor no le dio importancia, pero como, en sus frecuentes visitas para cuidar de ellos, esta palabra se repetía insistentemente, acabó por informar a su señor y, por orden suya, condujo a los niños a su presencia. Entonces, cuando Psamético los hubo escuchado personalmente, se puso a indagar qué pueblo daba a algún objeto el nombre de *becós* y, en sus indagaciones, descubrió que los frigios llaman así al pan. [Heródoto, *Historias* II, 2].

Experimento lingüístico del faraón Psamético (L. A. Claessens, 1800).

Desconocemos qué parte de verdad y qué parte de leyenda existe tras esta curiosa historia que le contaron a Heródoto cuando estuvo en Egipto. En cualquier caso, no deja de ser digna de mención cuando hablamos del faraón Psamético I.

Y volviendo a la historia de Nitocris, vemos que existe una mezcolanza de información, épocas y nombres que guardan relación con la historia de la supuesta faraona. Parece que estamos ante una figura legendaria creada a partir de diferentes personajes históricos, cuyas historias se han entrelazado para crear la de Nitocris. Lo cierto es que surgen muchas dudas sobre esta enigmática reina que está a caballo entre el mito y la verdad.

SOBEKNEFERU

El último eslabón de una dinastía

Para adentrarnos de lleno en la siguiente historia, imagina que eres una reina feliz y todo va perfectamente hasta que, poco a poco, descubres que van falleciendo tus seres queridos; primero, tu padre; luego, tus hermanos, y, por último, tu esposo, el faraón, con quien no has tenido descendencia. En este momento, te das cuenta de que Egipto se ha quedado sin nadie que pueda gobernar y toda tu dinastía está a punto de desaparecer. Eres la única persona que puede salvar esta situación, pero hay un problema: eres una mujer.

Debemos de viajar al final de la Dinastía XII, hace más de 3800 años, para encontrarnos con nuestra próxima protagonista: Sobekneferu.

Lo cierto es que habían pasado más de mil años desde que una mujer subiera al trono de Egipto, y no era una situación aceptada ni bien vista por la inmensa mayoría de la población, incluyendo a gobernadores locales, altos militares y sacerdotes, quienes podían ponerse en su contra con ligera facilidad.

¿Qué podía hacer entonces la única persona de la realeza que quedó en pie? Sobekneferu, valientemente, decidió coger las riendas del trono y gobernar como faraona, pero, como te imaginarás, esto no iba a ser una tarea sencilla. De hecho, tuvo que ingeniárselas para poder justificar su acceso al poder, y lo consiguió de una manera tan inteligente que sirvió como precedente para las faraonas que vendrían tras su reinado.

Además, esta faraona se caracteriza por haber evitado la maldición que solía acompañar a faraonas predecesoras. Sobekneferu hizo algo insólito, y fue aparecer en las diferentes listas reales que incluían los nombres de la mayoría de los faraones que habían gobernado hasta el momento. Esto es algo muy importante, puesto que los antiguos egipcios creían que, para conservar su vida en el más allá, debían mantener su identidad. Por ello, al aparecer el nombre de Sobekneferu en la lista real de Karnak, en la lista real de Saqqara y en la lista real de Turín, se aseguraba de que su nombre no se olvidaría y, por ende, conservaría su vida tras pasar por el juicio de Osiris. Pero, antes de descubrir cómo una mujer de su época pudo lograr tal hazaña, conozcamos un poco más sobre su vida.

LAS BELLEZAS DE SOBEK

El nombre de Sobekneferu (que también puede encontrarse escrito como Neferusobek) significa «las bellezas de Sobek». No es casualidad que la faraona recibiera este nombre si contextualizamos dónde vivió y gobernó durante su reinado.

Sobekneferu habitaba la zona de El Fayum, a unos 80 kilómetros al sur de El Cairo. El Fayum significa en árabe «tierras pantanosas», y este nombre tiene mucho sentido, puesto que, esa tierra quedaba ubicada en una especie de lago que servía de hábitat para una gran cantidad de cocodrilos. Por ello, no es de extrañar que la principal divinidad de este territorio fuera el dios Sobek, siendo este una deidad con aspecto de cocodrilo.

Para los egipcios, los dioses tenían un impacto muy fuerte. Eran adorados y, en torno a ellos giraba la religión, la política, la muerte o la concepción de la naturaleza. En concreto, la admiración por el dios Sobek fue algo que estuvo muy presente durante toda la historia egipcia. El cocodrilo era un animal temido e idolatrado a partes iguales. Sin duda, sus ataques debieron de cobrarse la vida de numerosísimas personas en el Antiguo Egipto, pero a la vez era una divinidad muy querida y respetada en diferentes localidades. Por ejemplo, en el sur de Egipto, se han hallado tantas momias de cocodrilos y objetos relacionados con Sobek que, hoy en día, se puede visitar un espectacular museo dedicado a esta divinidad con numerosas momias de cocodrilo colosales junto al Templo de Kom Ombo, también dedicado a dicha divinidad.

Pero, volviendo al reinado de Sobekneferu, sabemos que gobernó durante el Reino Medio (2055-1650 a. C.), una época próspera para la historia de Egipto. Varios soberanos disfrutaron de un reinado largo; entre ellos, el último gran faraón del Reino Medio, Amenemhat III, padre de Sobekneferu, quien gobernó durante más de cuarenta años.

Sobekneferu contrajo matrimonio con su hermano Amenemhat IV. Aunque en nuestra cultura actual el incesto es una práctica poco realizada e incluso penada según la legislación de ciertos países, en el Antiguo Egipto era algo bastante habitual. Esto guarda un sentido práctico, y era, entre otras cosas, el de conservar la consanguinidad, ya que, en ese momento, se creía que los faraones tenían una sangre diferente al resto del común de los mortales y, al unirse los

Relieve del dios Soek.

miembros de las mismas familias, la prosperidad de su linaje estaba asegurada.

Hay numerosos casos de faraones que acabaron casándose con sus hermanas y hasta con sus propias hijas. Algunos podían ser matrimonios de conveniencia sin más, con un objetivo claro, y es que, si los cónyuges tenían descendencia, los hijos de estas relaciones cosecharían más probabilidades para heredar el trono de Egipto. No obstante, cuando la endogamia se mantenía durante varias generaciones, daba lugar a problemas de todo tipo entre los faraones, siendo la infertilidad uno de ellos. Veremos esto en profundidad en el capítulo dedicado a Anjesenamón, pues, junto a su esposo, el faraón Tutankamón, pudo sufrir un desenlace similar al del faraón Amenemhat IV, que vamos a describir a continuación.

Y es que, en el caso de Sobekneferu, su deseo de mantener la línea de sucesión pura no fue posible, ya que, como hemos mencionado, no se conoce que tuviera descendencia con su hermano y esposo, Amenemhat IV. Y por si esto fuera poco curioso, se sabe que el faraón Amenemhat IV no solo no tuvo descendencia con la reina, sino que, a pesar de mantener relaciones sexuales con las diferentes mujeres de su harén (jóvenes hermosas venidas de diferentes partes de Egipto y de más allá de sus fronteras), ninguna de ellas tuvo un primogénito.

Este hecho es bastante llamativo, ya que los faraones solían tener numerosas mujeres, entre las que estaban sus esposas principales, secundarias y concubinas. Debido a esto, se han llegado a constatar faraones con, aproximadamente, ciento cincuenta hijos, tal y como fue el caso de Ramsés II. Por lo tanto, el único motivo que barajan los egiptólogos para explicar esta situación es que Amenemhat IV no fuera fértil.

Algunos egiptólogos creen, por tanto, que el esposo de Sobekneferu debía de tener dificultades para concebir hijos, muy probablemente, por lo extendida que estaba la práctica de la endogamia entre la familia real (Cooney, 2023).

ASÍ ERA EL LUJOSO HARÉN REAL

El harén era como el paraíso para los faraones. Originariamente, a los harenes se los conocía como *ipet-nesut*, aunque más tarde pasaron a ser llamados como la Casa Jeneret, donde no solo vivían las mujeres más importantes en la vida del faraón (madre, hermanas, esposas e hijas), sino que constituía la institución encargada de la educación de los futuros príncipes y princesas del Antiguo Egipto. Allí, podían habitar innumerables mujeres, tantas como el faraón quisiera. Las más hermosas del reino y de todas las edades.

Además de ser el hogar de la gran esposa real, en su interior también residían las esposas secundarias y las concubinas del faraón, pues era una forma de asegurar su descendencia: si la esposa principal no tenía hijos varones o estos fallecían, el faraón buscaba a su heredero entre los hijos de las esposas secundarias, que solían ser mujeres de la alta nobleza egipcia o incluso princesas de reinos extranjeros, principalmente de otros imperios de Oriente Próximo. Cabe mencionar que esta costumbre de coleccionar esposas no solo servía al faraón para aumentar su descendencia, sino que también lo ayudaba a afianzar y fortalecer sus alianzas con dichos reinos.

Hay historias muy curiosas a este respecto, como es el caso de una hija que el rey hitita Hattusili III entrega como esposa a Ramsés II. Esta, a la que llaman Maathornefrura, llega a Egipto y se desplaza de una ciudad a otra acompañada por nada menos que trescientas hititas jóvenes, y es que las esposas extranjeras van acompañadas siempre de un séquito de paisanas que las sirven durante toda su vida. Otro ejemplo en este sentido es el que encontramos en un escarabeo conmemorativo que mandó realizar el faraón Amenhotep III, de la XVIII Dinastía, donde explica que el rey de Naharina envió a su hija, la princesa Gilukhepa, para que formara parte del harén del faraón. Pues bien, en las inscripciones de la época se hace mención de que esta princesa llegó a Egipto con un séquito de nada menos que trescientas setenta mujeres de compañía (Tallet, 2013, p. 125).

Tal y como cree la egiptóloga Kara Cooney (2018), los harenes fueron evolucionando con el tiempo. Durante el Reino Antiguo (2686-2125 a. C.) se estima que podían estar formados por decenas de mujeres; durante el Reino Medio (2055-1650 a. C.), el número ascendió a cientos de ellas, y, durante el Reino Nuevo (1550-1069 a. C.), la cifra llegaría al millar.

Estancia de las esposas de Ramsés III en la localidad de Medinet Habu. (Fotografía de Nacho Ares).

Vida doméstica en el Antiguo Egipto (Amédée Forestier, *ca.* 1920), donde se representa cómo debía ser la vida en el harén real.

Sin duda, el harén no solo era un lugar para la gestación del futuro heredero del trono, sino que también servía como entretenimiento y disfrute del faraón. De hecho, existía un grupo de mujeres a las que llamaban «las bellezas vivas de palacio», las cuales se dedicaban a cantar, bailar y, en definitiva, a distraer al faraón (Desroches, 1999, p. 73).

En el caso de Sobekneferu, ella también formó parte del harén de su padre, Amenemhat III. Nos imaginamos que debía de haber cientos de mujeres traídas de todas partes del reino, incluso de otros pueblos, desfilando por el harén con la intención de procrear con su padre. Como se ve, los faraones podían mantener relaciones sexuales con tantas mujeres como desearan y no tenían que justificar nada con respecto a la gran esposa real ni con su descendencia.

Gracias a los trabajos arqueológicos llevados a cabo entre el año 2005 y 2014 por los egiptólogos Ian Shaw y Fredick Hagen en Gurob (también conocido por el nombre de Ghurab), se descubrió el mejor harén estudiado hasta la fecha. Se trata de un harén construido durante la época de Tutmosis III y que estuvo en uso casi con total seguridad hasta la época ramésida.

Este hallazgo ha tenido un papel clave a la hora de estudiar en detalle cómo eran estos lugares tan importantes para las reinas y demás mujeres de la realeza en el Antiguo Egipto.

Se sabe que se ubicaban cerca del palacio real, en ocasiones, prácticamente adosado al mismo. Sus paredes eran de ladrillo y estaban decoradas con vivos colores. Contaba con patios, en los que había árboles para dar sombra y, probablemente, tenían algún tipo de estanque. En estos patios se cree que existían animales que servían las veces de mascotas, tales como monos o peces. Y como la conciliación familiar siempre ha sido un tema complejo, los antiguos egipcios intentaron subsanar este obstáculo construyendo en el interior del harén una guardería para criar y educar a los hijos e hijas del faraón, quienes se convertirían en grandes militares, sacerdotes o funcionarios de todo tipo.

El cuidado del cuerpo en el Antiguo Egipto y la estética eran casi tan importantes como lo son hoy en la actualidad.

Querer lucir una bonita piel o ir a la última moda estaba a la orden del día entre las clases sociales más altas. Por ello, en las distintas dependencias donde se ubicaba el harén, las mujeres dedicaban su tiempo libre al arreglo personal, tal y como demuestran los peines, cucharas de maquillaje, pelucas y demás objetos que se han hallado en sus tumbas. También, aprendían a bailar, a cantar y a tocar instrumentos con el objetivo de deleitar al faraón.

Pero, como no todo podía ser un paraíso, también había una parte de infierno. Y es que hay que tener en cuenta que el harén no era solo un lugar de alegría y felicidad, sino que también en él se podían gestar las más peligrosas conspiraciones contra el faraón. De hecho, tenemos constancia de esta práctica desde la VI Dinastía, cuando el faraón Pepi I tuvo que enfrentarse a una conspiración que casi le cuesta la vida. Los egiptólogos sospechan que fue una de sus esposas la que orquestó la conspiración desde la sombra, pues esta querría que su hijo heredara el trono.

Caja de maquillaje del Antiguo Egipto con accesorios, *kohl*, frascos de ungüentos y perfumes. Un *kit* muy común entre las mujeres del harén.

No obstante, para hablar de complot, conjuras y conspiraciones, debemos de esperar a conocer la que sufrió el faraón Ramsés III, por la que, debido a su espectacularidad, propia de una novela, le dedicaremos un capítulo completo a lo largo de este libro.

Y volviendo a la descripción del harén, se sabe que este contaba con una economía particular. Y es que tenía recursos propios, como es el caso, por ejemplo, de la fabricación del lino, de donde salía el mejor de todo el reino. El harén también tenía en propiedad numerosas tierras que se usaban para la agricultura, obteniendo así su mayor sustento. Como la gestión de todos estos servicios era un tema complejo, existía una administración propia que estaba jerarquizada. Se contaba con un director del harén que velaba por que todo se realizara de manera correcta, con escribas para documentar todas las cuentas y funcionarios con diferentes cargos, los cuales se encargaban de las labores cotidianas del harén. También había un cuerpo encargado de proteger a las mujeres que allí vivían, los *sashas*, un grupo de hombres de alta seguridad.

Como ocurre en nuestra actualidad, no resulta muy curioso caer en la cuenta de que, a pesar de ser una institución principalmente para mujeres, los funcionarios que se encargaban de cumplir las funciones administrativas y económicas para que la Casa Jeneret fuera autosuficiente e incluso generara riquezas fueran varones. Se sabe que en la Antigua China y en la Turquía otomana el reparto de funciones según el género de la persona era similar al egipcio, con la particularidad de que existen constataciones de eunucos trabajando en harenes chinos y turcos. Sin embargo, todo indica que en el Antiguo Egipto esta práctica no se realizó hasta la llegada de los ptolomeos.

Retomando la historia de nuestra protagonista, Sobekneferu, tras los nueve años de reinado de su marido, el faraón Amenemhat IV, Egipto sufrió una grave crisis sucesoria. El faraón, como decíamos anteriormente, a pesar de contar con un harén repleto de mujeres, no logró tener descendencia. Si el faraón hubiera tenido hijos, lo lógico hubiera sido que Sobekneferu cuidara del niño hasta que este alcanzara la edad adulta y pudiera gobernar, tomando ella el poder como regente durante ese período de tiempo. Sin embargo, al no ocurrir esto, la reina se las tuvo que ingeniar de una manera muy inteligente para poder convertirse en faraona y sustituir en el poder a su difunto marido. Pero ¿cómo hizo para conseguirlo en un mundo donde ese puesto estaba destinado únicamente a los varones?

LOS DIOSES ESTÁN DE SU LADO

Sobekneferu sabía que su ascenso al trono sería una hazaña demasiado compleja. Por ello, debía de buscar un motivo que fuera infalible para que nadie pudiera recriminarle que una mujer reinara en Egipto. Para ello, y teniendo en cuenta la influencia que tenía la religión en ese momento, decidió deificar por todo lo alto a su padre, el faraón Amenemhat III. Creó lugares de culto dedicados especialmente a la adoración de dicho faraón, como es el caso de su templo en Hawara. Así, para justificar su lugar en el poder, encargó a los sacerdotes egipcios que rindieran culto e hicieran ofrendas a las estatuas del rey a cambio de un salario anual. De esta manera, todos sabían que Sobekneferu era la hija de un dios y, como hija de una divinidad, estaba más que acreditada para gobernar en el trono de Egipto.

Tan vital llegó a ser esta tarea para Sobekneferu que, para llevarla a cabo, hizo algo insólito. Abandonó la construcción del complejo funerario de su hermano y también esposo Amenemhat IV, y centró todos sus recursos en la finalización del complejo piramidal de su padre, Amenemhat III. En ese templo funerario, mandó esculpir su nombre casi con la misma frecuencia que el de su padre. El motivo de esta decisión fue la necesidad de legitimar su posición compartiendo la imagen de ser la hija de un rey-dios que gobernó durante décadas y obtuvo gran poder y riquezas, y dejar a un lado la realidad de que solo era la hermana y esposa de un rey que falleció tras un período mucho más escaso en tiempo y logros.

Un dato curioso es que las mujeres de la realeza recibían títulos que dependían de su posición con respecto al faraón, y cada uno de ellos tenía un valor distinto. De entre estos títulos, encontramos el de madre del rey, esposa del rey, hermana del rey o hija del rey, siendo los títulos de madre del rey e hija del rey los que otorgaban un estatus más importante en comparación con los de esposa del rey y hermana del rey.

Debido a este movimiento estratégico por parte de Sobekneferu, durante años, los arqueólogos que la estudiaron creyeron que había reinado junto a su padre, antes de que lo hiciera Amenemhat IV. Esto fue así por la cantidad de representaciones que encontraron de padre e hija juntos, dejando relegada a un segundo plano la figura de Amenemhat IV.

Lo cierto es que el plan de Sobekneferu salió a la perfección, pues consiguió la justificación para su acceso al trono convirtiéndose en faraona. Desde ese momento, comenzaron a tallarse relieves y estatuas que la representaban con los atributos faraónicos. De hecho, hay piezas arqueológicas en diferentes museos del mundo que lo atestiguan. Por ejemplo, encontramos una estatua de su cuerpo en el Museo del Louvre (París, Francia), en la que podemos ver a Sobekneferu vistiendo un faldellín masculino propio de los faraones de la XII Dinastía, conocido como *shendjyt*. También aparece su nombre en el interior de un cartucho con la forma

Busto de la reina Sobekneferu (Museo Egipcio de Berlín).

tradicional en la que se representaban los nombres de los faraones: grabado en su cinturón. Y, por si fuera poco, lleva puesto un tocado *nemes*, otro símbolo propio de los faraones. Este tocado cubría la totalidad de la cabeza, cayendo verticalmente por detrás de las orejas, amarrándose con un nudo cerca de la nuca, a modo de trenza. El tocado *nemes* más conocido es el que podemos ver representado en la famosa máscara de oro del faraón Tutankamón.

Sus representaciones son realmente llamativas, pues suele aparecer con el faldellín típico de los hombres, aunque también lleva puesto un vestido de mujer. Su rostro, que se conservaba en una espectacular estatua del Museo Egipcio de Berlín (Alemania), mostraba una cara masculinizada e intimidante, con unos pómulos altos, ojos penetrantes y unas facciones de marcada seriedad. Por desgracia, esta escultura se perdió tras unos bombardeos durante la Segunda Guerra Mundial.

Como curiosidad, esta práctica andrógenica donde en el mismo cuerpo conviven atributos masculinos y femeninos la encontramos en las representaciones del dios Hapi (el dios del río Nilo). A esta divinidad se la mostraba con cuerpo de hombre y pechos de mujer (similar a la reina Sobekneferu).

En cuanto al reinado de Sobekneferu, se sabe con cierta seguridad que tuvo una duración de tres años, diez meses y veinticuatro días. Pero ¿cómo se puede conocer ese dato tan detallado? Esta valiosísima información se la debemos al Papiro Real de Turín, ya que en él se detalla la duración exacta de su reinado. Además, la única inscripción tallada en piedra sobre la duración de su reinado se ha hallado en Semna (Nubia), donde se realizó la medición del río Nilo, y coincide con el periodo que aparece en el famoso papiro: «Medida de la inundación del año 3, bajo la majestad del rey del Alto y el Bajo Egipto Sobekneferu, que pueda ella vivir eternamente y para siempre» (Pierre, 2013, p. 74).

Conociendo estos datos, se estima que la faraona falleció a una edad relativamente longeva, al igual que su padre. Aunque el mayor misterio de todos aún no se ha logrado resolver. Nos referimos a la muerte de Sobekneferu y a su posible enterramiento en una pirámide, continuando así con la famosa tradición iniciada por el faraón Zoser (III Dinastía), unos mil años antes del reinado de Sobekneferu, de enterrarse en estas llamativas construcciones piramidales.

¿ENTERRADA EN UNA PIRÁMIDE?

Estamos ante la única faraona que se pudo haber enterrado en una pirámide, o eso al menos es lo que se cree. Y es que se asocia a una pirámide hallada en Mazghuna, cerca de Dashur. En 1910, el arqueólogo británico Ernest Mackay redescubrió dos pirámides en Mazghuna que podrían pertenecer a Amenemhat IV y a Sobekneferu.

A pesar de que no se ha encontrado ninguna inscripción que pueda confirmar, definitivamente, que se trata de la tumba de la faraona, hay una alta probabilidad de que así sea. Uno de los motivos por los que esta hipótesis cobra relevancia es que la estructura interna de estas tumbas es muy similar a las habitaciones funerarias de la pirámide de su padre, Amenemhat III, la cual se ubica cerca de allí.

No obstante, hay egiptólogos que no descartan la posibilidad de que su complejo funerario estuviera en otra área. Por ejemplo, se ha hallado la tumba de una hermana de la faraona, Neferuptah, cerca del complejo funerario de Amenemhat III, por lo que es una investigación que no tiene un final cerrado. Eso sí, se sospecha que la posible pirámide de Sobekneferu fue una de las últimas pirámides construidas en Egipto, y por fechas coincidiría, aproximadamente, con el periodo en el que la faraona gobernó.

Con su muerte, Egipto entró en una profunda crisis. El ascenso al poder de Sobekneferu parece que simplemente retrasó lo que podría considerarse como una crónica de una muerte anunciada. Sin una descendencia que pudiera heredar el país de manera estable, la Dinastía XII desapareció completamente, mientras que la nueva Dinastía XIII fue incapaz de mantener el control en todo el territorio.

En la zona del Delta, los gobiernos locales se independizaron. Las familias de las altas clases sociales, sobre todo los militares, ansiaban el poder y, tras fallecer Sobekneferu, Egipto entró en una grave crisis sucesoria, en la que diversas familias en diferentes puntos del país lucharon por tener el control del territorio. A esta etapa se la conoce como el Segundo Periodo Intermedio y se caracteriza por la ausencia de un faraón con poder en todo el territorio, llegando a coexistir varios faraones en diferentes partes de Egipto.

Restos arqueológicos de la pirámide sur de Mazghouna (fotografías tomadas en 1911). En la imagen de la derecha, podemos ver las ruinas de una antigua cámara funeraria, que, según se cree, podría pertenecer a Sobekneferu.

En este momento tan convulso en el que todos ansiaban el liderazgo de Egipto, la longevidad en el trono era escasa, seguramente debido a conjuras y asesinatos para usurpar este puesto. A esto hay que sumarle que otros pueblos perspicaces aprovecharon el debilitamiento político del momento y empezaron a asentarse en diferentes territorios estratégicos. Un ejemplo de esto es el de los hicsos, quienes llegaron desde Oriente Próximo a mediados del siglo XVII a. C. y se hicieron con el control de la parte norte de Egipto, creando un gobierno encabezado exclusivamente por faraones de origen hicso. Como resultado de esta increíble proeza, en torno al 1650 a. C. fundaron la XV Dinastía, la cual se vio envuelta en sucesivos enfrentamientos bélicos contra las Dinastías XVI y XVII, ambas lideradas por egipcios.

Como podemos observar con la historia de Sobekneferu, la ausencia de la figura del faraón como rey protector del pueblo era una ventana abierta a movimientos enemigos para ocupar territorios e ir usurpando el poder, por lo que, en casos de necesidad por muerte prematura o inesperada del faraón, quedaba justificada la práctica de delegar tales funciones en la reina regente, bien con el cargo de gran esposa real o como madre del futuro heredero. Y en contadas ocasiones, estas reinas regentes llegaron a sustituir por completo al rey, convirtiéndose así en faraonas. Por esto, las mujeres jugaron un papel indispensable para hacer de Egipto un lugar estable y, de este modo, contribuir notablemente al enriquecimiento del país al evitar que este se «desangrara» por constantes guerras civiles.

UNA REINA CON RECURSOS

Una reflexión muy interesante sobre el reinado de Sobekneferu es el empleo del *marketing* para justificar su acceso al poder. En nuestra era, el *marketing* juega un papel muy importante, llegando a influenciarnos a la hora de tomar cualquier tipo de decisiones. En la época del Antiguo Egipto, esta práctica también era muy habitual. Por ejemplo, en este capítulo hemos visto de qué manera se las ingenió Sobekneferu para hacerse pasar por la hija de un dios con el fin de consolidar su estatus como faraona, ya que el *marketing* político era de vital importancia para liderar cualquier Estado.

Otro ejemplo lo podemos encontrar al acceder al interior del Templo de Ramsés II de Abu Simbel, en la pared de la izquierda, nada más entrar. Allí, aparece una famosa escena de Ramsés II luchando en la batalla de Qadesh (librada entre egipcios e hititas). En esta representación, podemos ver a un Ramsés II de un tamaño colosal, el cual se encuentra machacando a decenas de enemigo, montado en un carro de batalla tirado por imponentes caballos. Pero, como en cualquier campaña de *marketing*, no todo lo que reluce es oro. Y es que las investigaciones han confirmado que la batalla de Qadesh finalizó realmente con un empate. Aunque, claro, para el faraón era muy importante mostrar una imagen de imbatibilidad acorde a su estatus y, por ello, no dudó en esculpir la batalla desde una posición más favorable.

Lo cierto es que existe una figura que destaca en cuanto a su estrategia de *marketing* para lograr llegar al trono. Esta es la protagonista del próximo capítulo, la cual llegó a superar las técnicas elegidas por Sobekneferu, puesto que no solo quiso divinizar a su padre, el faraón, sino que además afirmó que este llegó a ser la encarnación del mismísimo dios Amón. Sostuvo que esta deidad tan importante para los egipcios se le apareció a su madre y mantuvo relaciones sexuales con ella, dando a luz a quien sería la siguiente faraona de Egipto.

¿Sabes de quién hablamos?

HATSHEPSUT

La elegida por los dioses

Hatshepsut fue una reina-faraón que gobernó durante la XVIII Dinastía y que se convirtió en la máxima representación del poder en Egipto. Todo cuanto la rodea está repleto de curiosidades, no solo durante su vida, sino también en su muerte, pues su momia reveló un secreto que los egiptólogos no esperaban encontrar.

Pero, antes de adentrarnos en este tipo de peculiaridades, comencemos conociendo un poco sobre su vida.

La infancia en el Antiguo Egipto era, posiblemente, la etapa más dura en la vida de las personas, ya no solo por la escasa educación (reservada solo para los más pudientes) o el temprano acceso al mundo laboral, sino también por la altísima mortalidad que existía, pues era tan elevada que se cree que la mitad de los niños no llegaban a cumplir los cinco años de edad.

Por supuesto, este no fue el caso de Hatshepsut, ya que era nada más y nada menos que la mismísima hija del gran faraón Tutmosis I. Gracias a este capricho del azar, gozaba de un alto estatus social y, probablemente, debió de criarse en la Casa Jeneret o harén real. Allí, tendría acceso a la mejor educación, rodeada de otros príncipes y princesas. De hecho, se sabe que tuvo que convivir con su medio hermano y heredero al trono, Tutmosis II.

Fue con él con quien contrajo matrimonio unos años más tarde, convirtiéndose en gran esposa real. En este momento, comenzaría sus inicios en el poder egipcio, aunque, como mandaban las leyes, estaba bajo la sombra de su esposo, el faraón. Sin embargo, para sorpresa de Hatshepsut (y, probablemente, para todo el pueblo egipcio), la situación da un giro de 180 grados tras la prematura muerte de Tutmosis II.

En el momento de la muerte del faraón, el matrimonio tan solo contaba con una primogénita, Neferura, por lo que Hatshepsut no dudó en proponerla como candidata al trono. Pese a su iniciativa, este movimiento no pudo ver la luz, puesto que el faraón Tutmosis II había sido padre de un hijo varón con una de sus esposas secundarias llamada Isis. Siguiendo la tradición de la época, ese niño contaba con la legitimidad de acceder al trono, por lo que, tiempo más tarde, se hizo con él bajo el nombre de Tutmosis III.

El joven Tutmosis III ocupó el puesto de su padre, pero este no era más que un niño, por lo que fue la gran esposa real Hatshepsut la que ejerció de regente durante los primeros años de reinado. Todo parecía ir con normalidad…, cada figura del tablero egipcio cumplía su función, tal y como lo habían hecho siempre. Sin embargo, la situación cambiaría drásticamente cuando, al séptimo año, Hatshepsut decide ir un paso más allá y convertirse en faraona, adoptando los títulos de rey del Alto y Bajo Egipto, y señor de las Dos Tierras. Su propósito era firme, estaba dispuesta a cumplir su deseo de que una mujer ostentara el poder. Si no pudo ser su hija Neferura, sería ella quien sostendría el cetro. Aunque resulta especialmente llamativo que, a pesar de su atrevida insurgencia femenina, quisiera ser representada y recordada con el aspecto y los atributos masculinos típicos de los reyes (como, por ejemplo, con un torso ausente de senos y una barba postiza).

Desde este momento, se inició uno de los reinados más interesantes y atractivos de la historia egipcia, ya que, a diferencia del resto de las demás faraonas que alcanzaron el poder, Hatshepsut fue la única que tuvo la oportunidad de gobernar en un momento de máxima grandeza para Egipto, sin fases de incertidumbre, conflictos bélicos ni declives políticos que entorpecieran su llegada al trono.

LA HIJA DE UN DIOS

Como podrás imaginar, llevar a cabo este movimiento estratégico no fue una tarea sencilla para Hatshepsut. No olvidemos que la tradición marcaba que los herederos al trono debían ser varones y, en este caso, además, ya estaba el pequeño Tutmosis III como principal descendiente del difunto faraón.

Para lograr esta increíble proeza, Hatshepsut declaró que la reina Ahmose, su madre, mantuvo relaciones sexuales ni más ni menos que con el dios Amón y que de dicho encuentro erótico nació ella. De este modo, Hatshepsut pasaba a ser la hija carnal de la divinidad más importante en su época y su fiel delegada en la tierra. Como consecuencia, su figura se sacralizó radicalmente, justificando de esta manera su acceso al trono.

Ahmose, embarazada de Hatshepsut, tras su supuesta unión con el dios Amón. (Fotografía de Nacho Ares).

Con el fin de hacer más creíble este relato, Hatshepsut mandó crear una gran cantidad de representaciones de la reina Ahmose, su madre, acompañada del dios Amón, para dar así veracidad a su embuste y que este se extendiera de un modo rápido y eficaz. Seguidamente, a estas obras se sumaron otras nuevas, que aún hoy se conservan, de la propia Hatshepsut como protagonista de escenas que ensalzaban su supuesta naturaleza divina. Una de estas representaciones la encontramos en el Templo de Deir el-Bahari (Lúxor). En ella, se describe de manera exacta cómo adquirió Hatshepsut su poder divino. Según el relato, el dios Amón adoptó el aspecto de Tutmosis I, el padre carnal de Hatshepsut, con la intención de mantener relaciones con Ahmose y procrear así a la futura faraona de Egipto. En las escenas podemos ver cómo todos los dioses aprueban la decisión de Amón e incluso ayudan en el parto para dar a luz a la reina prometida. Y para más inri, en el complejo artístico también aparece la diosa Hathor, con aspecto de vaca, amamantándola y otorgándole a través de la leche aún más poder divino.

Detalle de la diosa Hathor, convertida en vaca, amamantando a Hatshepsut, en el Templo de Deir el-Bahari, Lúxor. (Fotografía de Rémih, Wikimedia Commons, CC BY-SA 4.0).

También en este templo se encuentran escenas de su coronación, que fue, sin duda, uno de los momentos de mayor felicidad y alegría para Hatshepsut, pues suponía el culmen en la vida de todo faraón. Las fiestas de coronación iban mucho más allá de una simple celebración rutinaria, puesto que se hacían múltiples festejos, rituales y ceremonias, y en ocasiones se podían alargar durante todo un año.

Y como todo en la vida no puede ser solo trabajar, en la época egipcia también existían auténticas fiestas faraónicas. Por ejemplo, otra muy importante en la vida de los reyes era la conocida como Heb Sed. Esta festividad se debía de realizar en el año treinta de su reinado y consistía en revitalizar simbólicamente al faraón, es decir, devolverle la fuerza y la energía para continuar con su reinado. Para ello, se llevaba a cabo una ceremonia que consistía en practicar una serie de juegos o rituales, como podían ser lanzar flechas con arco, hacer una carrera o incluso, según se cree, coger a un toro por los cuernos, demostrando así que el faraón seguía en forma y, por tanto, merecía continuar ocupando el lugar de los dioses en la tierra. Sin embargo, muchos faraones, a sabiendas de la dificultad de cumplir treinta años en el reinado, ya que solían fallecer antes de llegar a esa cifra, decidieron celebrar la fiesta Heb Sed cuando creían conveniente o les apetecía.

En el caso de Hatshepsut, esta festividad también fue peculiar, puesto que la faraona realizó dicho evento durante el correinado con el pequeño Tutmosis III. Existe una representación de este momento donde la podemos ver con la famosa barba faraónica, la corona y el resto de los símbolos típicos, como el flagelo y el *mekes* (un pequeño rollo de papiro quc lleva en su mano y que se utilizaba para realizar una delimitación territorial). Además, aparece corriendo junto a un bóvido, demostrando así su vitalidad.

Esta escena tan peculiar la podemos observar en el complejo funerario de Karnak (Lúxor), que es uno de los lugares más impresionantes que podemos encontrar en Egipto. En él, existe un bosque de 134 columnas, algunas de más de 20 metros de altura, que nos hacen sentir como seres diminutos. Allí está la Capilla Roja, en cuyas paredes aparece la representación de su fiesta Heb Sed. Esta capilla es, sin duda, una de las construcciones más emblemáticas y hermosas encomendadas por la faraona. La Capilla Roja, que recibe su nombre por el color de la cuarcita con la que fue elaborada, se ubicó originalmente en el corazón del Templo de Amón y servía para alojar en su interior la barca sagrada con la que el dios era llevado en procesión durante la fiesta de Opet, la ceremonia religiosa más importante del Antiguo Egipto. Por ello, la capilla era el lugar más sagrado que podía existir en el Antiguo Egipto.

La reina Hatshepsut en su fiesta de Heb Sed, representada con atributos masculinos. Este bajorrelieve se encuentra en la Capilla Roja del Templo de Karnak.

Otro relieve de la Capilla Roja, esta vez, dedicado a Amón. En él se inmortaliza el momento en el que el dios es llevado en procesión en su barca durante la fiesta de Opet.

No obstante, esta no fue la única gran construcción que realizó Hatshepsut. Algunas de sus obras forman parte de los lugares más visitados por los turistas en todo Egipto.

OBELISCOS DE ELECTRO

Una de las construcciones más imponentes de la faraona —y, además, una de mis favoritas— son los obeliscos creados en el año quince de su reinado. Como cualquier hija orgullosa de su progenitor, Hatshepsut mandó construir estos monumentos para honrar la memoria de su padre, el dios Amón.

Estos eran obtenidos de las canteras de Asuán, al sur de Egipto, y transportados por el río Nilo en grandes embarcaciones hasta el Templo de Karnak (Luxor), donde fueron colocados. Por si esto fuera poco sorprendente, teniendo en cuenta que llegaron a pesar más de trescientas toneladas y medir más de 25 metros de altura, la reina ordenó recubrirlos de electro, un material que tan solo se utilizaba para revestir las cúspides de las pirámides o de los obeliscos (también conocidas como «piramidiones»). Y como evidencia de esta particularidad existen grabados en uno de estos obeliscos, cuya traducción dice:

> [...] Hete aquí que me senté en mi palacio y que pensé en aquel que me había creado [Amón]. Mi corazón me indujo a hacer en su honor un par de obeliscos de electro [...]. Entonces mi ánimo se agitó, imaginando lo que dirían los hombres que vieran estos monumentos pasados muchos años, y hablarían de lo que hice. [Desroches, 1999, p. 167].

Pero la ambición de Hatshepsut era aún mayor, puesto que su deseo era el de que el único material utilizado en la construcción de los obeliscos fuera el electro y no la piedra. Sin embargo, hasta los sueños de los faraones podían ser truncados, y así nos lo narra la propia reina en otro grabado:

> En lo que concierne a los dos obeliscos que Mi Majestad a [hecho] revestir de electro para mi padre Amón, para que mi nombre sea duradero y perpetuo en este templo hasta el final de los siglos. Están hechos de una piedra única como es el granito duro y sin empalmes [...]. He actuado en favor de Amón en testimonio de mi afecto, como actúa un rey en favor de su dios. Deseaba hacerlos fundir de electro, [pero como era imposible] por lo menos cubrí la superficie de su fuste [con electro]. [Desroches, 1999, p. 167].

Imaginar este espectáculo hace que se nos erice la piel, ya que debió de ser todo un lujo para los sentidos el admirar estas colosales moles de piedra cuando el sol golpeaba el electro y se volvían brillantes. Este recubrimiento de electro se encontraba en la mitad superior del obelisco (Habachi, 1985), y no solo en su piramidión, sino que decoraba una gran cantidad de escenas que encontramos talladas precisamente en esa mitad superior del gran monolito.

En el presente, aunque ya sin brillo, estos obeliscos se ubican en el Templo de Karnak, uno de ellos aún en pie, llegando a medir 28 metros de altura y pesando 350 toneladas aproximadamente, siendo uno de los mayores obeliscos de Egipto. Sin embargo, hay otro que supera esas increíbles medidas, y es el hallado en la cantera de la ciudad de Asuán bajo el nombre de Obelisco Inacabado. Se cree que esta impresionante construcción tuvo lugar en la época de Hatshepsut, aunque los investigadores no llegan a una conclusión clara de quién fue la persona que los mandó tallar, dudando entre Hatshepsut, su padre (Tutmosis I) o su esposo (Tutmosis II).

Sea como fuere, las medidas de este monumento son colosales. Cuenta con más de 40 metros de longitud y su peso es de nada más y nada menos que 1200 toneladas. Es un completo despropósito pensar en cómo querrían transportar algo así. En el caso de este obelisco, su traslado nunca tuvo lugar, debido a que no se pudo extraer de la cantera porque se fracturó, algo que podía ser relativamente frecuente con las estatuas o construcciones de piedra. De hecho, aún hoy día se puede observar fácilmente una gran grieta en el obelisco.

Pero ¿qué ocurría con las colosales construcciones que sí llegaban al final del proceso de su elaboración? Esta respuesta está repleta de enigmas, pues la comunidad científica no ha llegado a un consenso, siendo uno de los mayores misterios egipcios. Se cree que en Egipto existía la logística necesaria para transportar y colocar monolitos tan gigantescos, aunque esta tecnología no ha llegado a nuestra era. De hecho, para incredulidad nuestra, la práctica de mover estos monumentos era relativamente común. Como ejemplo, el gran Ramsés II mandó construir una estatua colosal de sí mismo para, una vez finalizada, ser trasladada a su templo, el Ramesseum. Esta estatua pesaba mil toneladas, y debió de ser impresionante ver cómo la trasladaron. En algún momento determinado, a causa de un terremoto, esta increíble pieza se rompió, cayendo fatalmente al suelo.

Una de las construcciones más emblemáticas encomendadas por la reina Hatshepsut durante su mandato: su soberbio obelisco de piedra, ubicado en el recinto del Templo de Karnak.

La reina debió de ser una mujer muy ocupada, pues estar al mando de uno de los mayores imperios de la historia no parece algo sencillo. Por este motivo, tenía que delegar funciones en los diferentes miembros de la corte real. Uno de estos trabajadores era Djehuty, el escriba real, quien era el encargado de, entre otras cosas, supervisar los trabajos y los tesoros de la reina.

DJEHUTY Y LA MISTERIOSA TABLA DEL APRENDIZ

Este tipo de funcionario tenía el privilegio de ser enterrado en una zona delimitada, y, para sorpresa de muchos, se ha conservado la tumba de uno de los escribas de la reina llamado Djehuty. Su enterramiento se ubica en Dra Abu el-Naga y está abierto al público desde el año 2023. Este yacimiento es realmente interesante, puesto que esconde un montón de curiosidades de la época de Hatshepsut, y esto se debe a que Djehuty dejó plasmada una autobiografía en el interior de su tumba, narrando algunos de los aspectos más sorprendentes de la vida de la faraona.

Así, en las paredes de la tumba se detallan los trabajos que llevó a cabo el escriba. Cuenta que se encargó de la recaudación de algunos metales, como oro, plata, bronce y cobre, y de piedras semipreciosas, como la turquesa del Sinaí. También supervisó la construcción de la barca sagrada del dios Amón, elaborada con valiosísima madera de cedro importada del Líbano. Esta era una de las piezas religiosas más valiosas en toda la historia egipcia, por lo que se invertía mucho en ella. Además, sabemos que, a pesar de estar hecha de madera exótica, también se cubría con oro y plata, y en la parte superior de la barca se colocaba un altar áureo que albergaba la estatua del dios.

Djehuty también se encargó de supervisar la colocación de los dos obeliscos colosales en el Templo de Karnak, así como de contabilizar todo lo concerniente a la expedición de Punt (actual Sudán), puesto que su función era la de documentar y archivar lo que se trajo a Egipto desde este remoto lugar, siendo esta una de las expediciones comerciales más importantes de la historia egipcia.

Una grandísima aportación a este respecto, que vino dada gracias al Proyecto Djehuty, el plan arqueológico español que se encarga de explorar la tumba de este importante funcionario, dirigido por José Manuel Galán, y donde trabaja mi querida amiga Carmen, de *Arqueoartis* —y autora del prólogo de este libro—, es precisamente el hallazgo de un objeto único en Egipto: la conocida como Tabla del Aprendiz. Se trata de una tabla usada para aprender a representar el cuerpo de un monarca, y en ella aparece algo nunca visto en toda la historia de Egipto: ¡la representación del rostro de un rey de frente! Quizá cabe preguntarse por qué esto resulta tan sorprendente. Pues lo cierto es que lo habitual era mostrarlos de perfil, dando importancia a la nariz y al ojo, aunque con el cuerpo de frente; así es como aparecen dibujados la inmensa mayoría de personajes egipcios que observamos en los paneles jeroglíficos conservados. ¿El motivo? Existen varias teorías, pero la más arraigada es la que sostiene que se debe a una cuestión de eternidad. Lo que esá claro es que, tal y como afirma Rosa Pujol, presidenta de la Asociación Española de Egiptología, los egipcios «no daban puntada sin hilo».

Pero lo llamativo de este decubrimiento no termina aquí. La aparición de esta figura real en la Tabla del Aprendiz no solo confirma que los egipcios, por una cuestión de perspectiva, creencias o gustos, simplemente elegían no dibujar de frente a sus personajes, sino que, según investigaciones recientes, todo apunta a que estamos ante la imagen de Hatshepsut, ya que data de su época, se muestra con los atributos típicos del faraón que a ella le gustaba ostentar (como el tocado *nemes* y una cobra *uraeus* en su frente) y la anchura del cuerpo tiene cinco cuadrículas. ¿Qué quiere decir esto?

Aunque existe una amplia variedad de características corporales que nos diferencian a los humanos entre sí (altos, bajos, gruesos, delgados...), a la hora de dibujar, los egipcios seguían un mismo patrón para todo el mundo valiéndose de cuadrículas; de esta forma tenían una guía exacta para hacer los cuerpos con unas determinadas proporciones preestablecidas. Las personas se representaban verticalmente en dieciocho cuadrículas, desde la frente hasta los dedos de los pies, mientras que horizontalmente variaba si era hombre o mujer, pues se empleaban seis cuadrículas para los hombres y cinco para las mujeres, exhibiendo así la esbeltez del cuerpo femenino con respecto al masculino. Por ello, podemos suponer que la representación de frente hallada por el Proyecto Djehuty debía de haber pertenecido a una mujer faraón, y, como hemos visto, hay indicios suficientes para pensar que esta reina fue Hatshepsut.

Tabla del Aprendiz. En ella, vemos dos representaciones de frente; se cree que una está realizada por el maestro y la otra por el aprendiz. Hay quien dice que estamos ante el primer «Cuadernillo Rubio» de la historia. (Fotografía de Nacho Ares).

Lo que, en cambio, sigue siendo un misterio es el motivo por el cual trazaron una imagen de esta faraona de frente, y no con el método habitual. La explicación que parece más plausible es la de que la tabla se utilizó a modo de ensayo antes de iniciar la construcción de una estatua, ya que solo en ese tipo de elaboraciones los artistas se enfrentaban a la tarea de diseñar el rostro frontal de un faraón.

Pero Djehuty no es el único gran funcionario que trabajó para Hatshepsut. Lo cierto es que la faraona supo rodearse de las personas más cualificadas para según qué labor, lo que se tradujo en grandes éxitos durante su reinado. De este modo, también hemos de citar a Senenmut, quien pasó de ser un ciudadano relativamente modesto a convertirse en el arquitecto real y la mano derecha de la faraona, pasando a ser una de las personas más poderosas del reino.

SENENMUT Y EL TEMPLO DE DEIR EL-BAHARI

La egiptología ha especulado mucho sobre la figura de Senenmut, y existen teorías que argumentan que el arquitecto había sido amante de Hatshepsut, e incluso sugieren que podría ser el padre de su hija Neferura.

Uno de los motivos que dan crédito a esta idea es el de que, entre las diferentes funciones de Senenmut, estaba la de ser tutor real. Bajo este puesto, él era el encargado del cuidado de la princesa, y tanta llegó a ser su influencia que se han encontrado diferentes representaciones de Senenmut y Neferura juntos. Esto, sumado al hecho de que no se han hallado pruebas de que el funcionario tuviera esposa e hijos, hace sospechar a los expertos de su relación con la faraona.

Otra razón para conjeturar sobre el idilio entre Senenmut y Hatshepsut es el hallazgo de un grafiti protagonizado por ambos en el que aparecen manteniendo relaciones sexuales, algo sumamente extraño en las pinturas egipcias referidas a la realeza. Este dibujo se encontraba en el templo que la faraona mandó construir en Deir el-Bahari al arquitecto Senenmut. En aquel período, esta clase de imágenes podría estar penada con la muerte al considerarse una imperdonable falta de respeto hacia la soberana. Por ello, se conjetura que esta creación fue producto de algún bromista, a modo de sátira, o de alguien que quería vengarse de la faraona por algún motivo que desconocemos. Aunque es cierto que no se puede confirmar que sea ella la protagonista, puesto que no aparece su nombre por ningún lado.

Pero, más allá de si Senenmut y Hatshepsut habían mantenido una relación que excediera lo profesional, la proeza de este arquitecto fue precisamente la de construir para la reina dicho templo, el Templo de Millones de Años en Deir el-Bahari, siendo uno de los santuarios más bonitos y visitados de Egipto. La función de este tipo de templos, llamados de Millones de Años, era la de perpetuar el culto al faraón después de su muerte. Incluso se creía que el alma del difunto monarca podía salir de su sepultura en el Valle de los Reyes

Templo de Hatshepsut en el complejo funerario de Deir el-Bahari.

y viajar hasta sus templos, donde se podía alimentar de las ofrendas que les dejaban los sacerdotes.

La magia del Templo de Hatshepsut recae en lo bien que adaptó Senenmut su arquitectura al emplazamiento en el que se ubica, una llanura rodeada de colosales acantilados. El maestro jugó extraordinariamente con las líneas verticales que marcan los despeñaderos que se encuentran en aquel majestuoso escenario natural, de modo que el templo queda perfectamente integrado, ya que está repleto de columnas verticales que provocan, a nivel visual, una gran armonía.

En cuanto al interior, el templo está decorado con numerosas obras pictóricas en sus paredes, entre las que podemos ver recreaciones de la vida de la faraona y sus antepasados; escenas que muestran su poder, como el transporte de obeliscos desde Asuán (al sur de Egipto) hasta el Templo del Karnak en Lúxor que la reina ordenó, y, cómo no, representaciones en honor a las deidades, pues el santuario no dejaba de ser morada de dioses, se pensaba que esta era una manera de contentar a las divinidades.

También encontramos escenas de caza, donde se puede ver a Hatshepsut apresando aves en los pantanos. Estas ilustraciones eran muy frecuentes en el Antiguo Egipto, ya que la caza tenía un gran componente simbólico, pues manifestaba el control de los reyes sobre la naturaleza, sobre el caos y sobre el mal.

Pero, sin duda, la escena más famosa que encontramos en los muros de este templo es la relativa a un hecho histórico de gran importancia. Hablamos de la expedición comercial que la faraona envió a una tierra remota a la que llaman Punt. Este viaje supuso un gran éxito, puesto que se trajeron todo tipo de materiales valiosos. En las paredes del templo, la reina Hatshepsut nos narra esta increíble partida y describe, en estos términos que transcribe J. M. Serrano (1994, p. 119), algunos de los objetos que consiguieron:

> Exploré las rutas hacia Punt, descubrí los caminos hacia las terrazas de mirra, tras guiar a la tropa por mar y tierra para traer maravillas de la Tierra de Dios para este dios que ha creado sus

> perfecciones. Traje muchas maravillas y toda clase de productos típicos de la Tierra de Dios a por los que Tu Majestad les envió: montones de mirra y árboles de mirra fresca, plantados en el patio de ceremonias para ser vistos por todos los dioses.

Asimismo, Serrano profundiza en lo relativo a la exportación, ofreciendo los siguientes detalles:

> Cargaron pesadamente los barcos con las maravillas del país de Punt: todas las buenas maderas aromáticas de la Tierra del Dios, montones de resina de mirra, jóvenes árboles de mirra, ébano, marfil puro, oro verde de Amu, madera de cinamomo, madera-*hesyt*, incienso-*ihemut*, incienso, pintura de ojos, monos, babuinos, perros, pieles de pantera del sur y siervos y sus hijos. Jamás se trajo nada igual a esto para ningún rey desde el principio del tiempo.

Con respecto a la ubicación exacta de Punt, es un tema que ha provocado mucha controversia. A menudo se señala que podría haber estado situado en algún lugar de la costa entre Sudán y el llamado Cuerno de África, en Somalia. Sin embargo, los recientes análisis de ADN llevados a cabo a unas momias de babuino que se transportaron desde Punt han demostrado que estos vivieron en la costa de Eritrea (Grathwol *et al.*, 2023), es decir, en la zona más al sur del mar Rojo, pudiendo así resolverse uno de los misterios más perseguidos del Antiguo Egipto.

Y continuando con la apropiación de las riquezas de Punt, sabemos que los egipcios trajeron de allí animales exóticos, entre los que destacaban los guepardos, que eran utilizados para cazar, puesto que, al ser los animales terrestres más rápidos del planeta (llegando a alcanzar velocidades de hasta 120 km/h), la realeza egipcia disfrutaba mucho de este espectáculo. También se hicieron con oro, plata, electro y un sinfín de materiales de gran valor. Incluso adquirieron árboles y plantas que no existían en Egipto, como es el caso de los conocidos como «árboles del incienso» (Dixon, 1969), siendo la primera vez en la historia que se deja constancia del trasplante de árboles desde el extranjero.

Eso sí, todo esto no les iba a salir gratis. Para poder llevarse estos objetos y animales, los egipcios tuvieron que llegar a un acuerdo con los nativos del lugar. Así pues, se pactó que los expedicionarios entregarían productos manufacturados, tales como armas, y, sobre todo, collares y brazaletes, los cuales, debido a sus llamativos colores, debían de ser verdaderos tesoros para los habitantes de este remoto país.

Otra escena especialmente llamativa de este viaje, ubicada en el interior del Templo de Deir el-Bahari, es aquella en la que aparecen los reyes del país de Punt. El rey, llamado Pa-rehu, está representado con una barba similar a la de los faraones, y su mujer, la reina Ity, lo sigue (Desroches, 1999, p. 157). Es sorprendente ver que a la reina se la representó tal y como debía de ser físicamente, mostrando una obesidad y una esteatopigia severa —condición de acumular una gran cantidad de grasa en las nalgas—, lo cual impacta bastante, teniendo en cuenta lo «cuadriculados» (valga el juego de palabras) que eran los egipcios para representar el cuerpo humano. Sin embargo, cabe considerar la interpretación de que esta pudiera ser una manera de simbolizar la feminidad y la belleza de la reina, pues desde la Antigüedad y en numerosas tribus la gordura en la mujer se ha asociado con la fertilidad. De ahí que la mostraran con ese aspecto.

Relieve de la reina Eti del Punt con su esposo Perehu, mientras dan la bienvenida a la delegación por mar de la reina Hatshepsut. En ella, Eti es representada con obesidad, tal y como debía ser en realidad.

UNA MUELA MOMIFICADA

Los éxitos constructivos de Hatshepsut pudieron ir más allá de los lugares frecuentados por los vivos, pues hay quien atribuye a la faraona la inauguración del Valle de los Reyes. Sin embargo, es muy probable que la primera persona en elegir este lugar para su enterramiento fuera Tutmosis I, su padre; aunque también hay quien cree que pudo ser el faraón Amenhotep I en la tumba KV39. Sea como fuere, Hatshepsut hizo algo puramente insólito: enterrarse en el lugar destinado al descanso eterno de los faraones siendo una mujer.

La tumba en la que se enterró originalmente a Hatshepsut, la KV20, considerada la primera excavada en el Valle de los Reyes, fue hallada por Howard Carter, quien también descubriría poco después la tumba del famoso faraón Tutankamón. En cambio, para sorpresa de Carter, en el interior del sepulcro no encontró la momia de la reina, lo cual lo confundió en sus teorías. No obstante, siguió excavando en tumbas aledañas, decidido a encontrar los restos de la faraona. Y casualmente en la KV60 se hallaron dos momias femeninas.

Una de ellas se encontraba en un sarcófago con la inscripción de «Nodriza real», y fue finalmente identificada con el nombre de Sitra In, quien sería una persona cercana a Hatshepsut. Sin embargo, tampoco se halló ningún rótulo o evidencia que pudiera identificar a la otra momia. Lo único que se sabía era que su brazo estaba cruzado sobre el pecho, siendo esta una posición característica de los faraones.

Con todo en contra, ¿cómo podrían entonces averiguar a quién pertenecía este cuerpo y desvelar si se trataba de la reina Hatshepsut? Lo cierto es que, en ese momento, no había manera de descubrirlo. Por ello, la momia quedó «olvidada», hasta que, tiempo más tarde, se produjo un hallazgo sorprendente, pudiéndose reconocer a la difunta gracias a algo totalmente inesperado… ¡Una de sus muelas!

A pesar del saqueo de la verdadera tumba de Hatshepsut, la KV20, los ladrones no llegaron a llevarse todo, ya que en su interior se descubrieron los vasos canopos que contenían los órganos de la reina. Estos eran utilizados en un proceso esencial de embalsamamiento, en el que se retiraban los pulmones, los intestinos, el hígado y el estómago, y lo colocaban todo dentro de los vasos habilitados para tal fin. ¿Y cuál era la finalidad de retirar estos órganos? Indudablemente, buscaban que la momificación fuera más efectiva, pues, al sacarlos, la probabilidad de conseguir que el cuerpo se deshidratara era mayor.

Pues bien, además de los órganos, también apareció en estos recipientes un diente, concretamente una muela, a la que en principio no se le dio gran importancia. Tuvieron que transcurrir muchas décadas para que se llevara a cabo un estudio revelador. Se investigó si a la momia no identificada de la KV60 le faltaba uno de sus dientes y, para sorpresa de todos, descubrieron que sí. Seguidamente, se observó que a la muela encontrada en la KV20 le faltaban las raíces y, precisamente, el hueco del molar desaparecido de la momia de la KV60 aún conservaba unas raíces incrustadas. Por lo tanto, gracias a la tecnología actual, se pudo encajar, como si

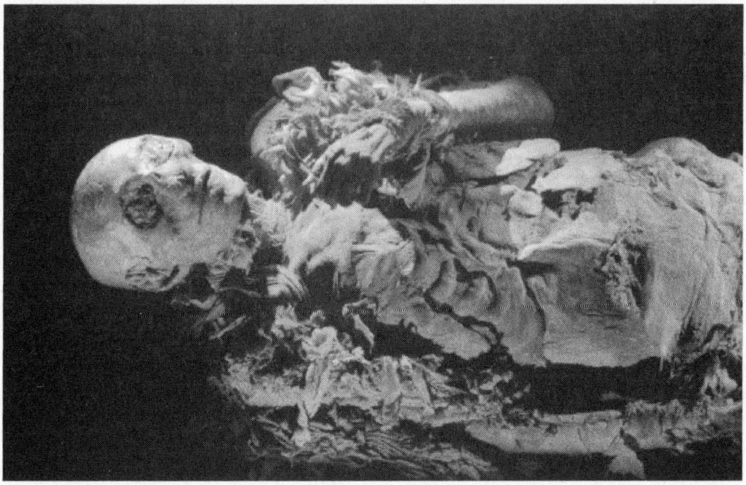

Momia de Hatshepsut, hallada por Howard Carter en 1903 en el Valle de los Reyes. (Cortesía de Discovery Channel).

de dos piezas de un puzle se tratara, la raíz de la momia de la KV60 con la muela encontrada en los vasos canopos de Hatshepsut en la KV20, lo que indicaba claramente que estaban ante la momia de la faraona Hatshepsut. En 2007, el egiptólogo Zahi Hawass, quien protagonizó este descubrimiento, hizo pública la célebre noticia.

A causa de este asombroso acierto, los historiadores obtuvieron datos muy curiosos sobre Hatshepsut. Hasta entonces, se podía pensar que la faraona debió de haber sido una mujer con una destacada belleza, pues así se la representaba. Pero, para sorpresa de muchos, la momia de la faraona demostró que esta había sido una mujer calva, con los dientes podridos y con obesidad.

Estas tres características eran relativamente frecuentes en esa época. Por ejemplo, aunque la alopecia en mujeres no era tan común, sí que se ha constatado que tenían la costumbre de raparse la cabeza y utilizar pelucas para evitar los piojos. En cuanto a la higiene dental no era una práctica muy extendida, por lo que en personas longevas había una alta probabilidad de que tuvieran bacterias que dañaban gravemente la dentadura. De hecho, el mismo Ramsés II falleció, casi con total seguridad, debido a una infección en una de sus muelas.

Y en lo que respecta a la obesidad, solía ser una condición habitual entre las altas clases sociales, ya que disfrutaban de variados festines culinarios. Existen, por ejemplo, múltiples representaciones de altos funcionarios con abundante grasa en sus cuerpos, que demuestran los excesos gastronómicos de los más pudientes.

Lo cierto es que los faraones eran retratados y esculpidos en estatuas y relieves de manera idealizada, divinizada, con unas facciones perfectas y sin arrugas en la piel. Un ejemplo destacable de esta práctica es el de Tutankamón, cuya máscara de oro muestra un aspecto que nada tiene que ver con el de su momia, pues en ella se pueden observar, entre otras cosas, unos dientes bastante prominentes.

Otro caso es el de Ramsés II, quien vivió hasta una edad muy avanzada y, sin embargo, en todas sus representaciones luce una imagen juvenil, musculosa y sin arrugas, como si el tiempo no pasara por él. Un don propiamente celestial.

Volviendo a la momia de Hatshepsut, las investigaciones han probado que sufrió múltiples enfermedades; entre ellas, un cáncer de huesos que puede observarse en la zona de sus caderas y columna (Pilkington, 2007). Estas afecciones tuvieron que ser realmente dolorosas; en cambio, a pesar de ello, hubo algo que la haría sufrir aún más: el hecho de ser sometida a una *damnatio memorae* o condena de la memoria, ya que su imagen y su nombre fueron perseguidos y borrados de los anales por sus sucesores.

Previo a su fallecimiento, Hatshepsut trató de designar a su hija Neferura como heredera al trono, mostrándola en las representaciones como su sucesora y portando los atributos de los príncipes herederos, aunque finalmente esto no fue posible por la prematura muerte de la princesa. ¿Tendría Hatshepsut la intención de formar una dinastía única de faraonas? Sin duda, habría sido algo nunca visto en la historia de Egipto.

Escultura de Neferura y Senenmut, consejero de confianza de la reina Hatshepsut, quien fue tutor de la princesa (Museo Egipcio de Berlín).

El duro golpe por la pérdida de su querida hija Nefertura, su gran esperanza política, a la que se sumó la del arquitecto Senenmut, su mayor apoyo, la bravura de la faraona comenzó a menguar hasta que, finalmente, le sobrevino la muerte, posiblemente precipitada por el avanzado estado de su enfermedad.

Fue entonces cuando Tutmosis III, hijo de Tutmosis II, difunto esposo de Hatshepsut, se hizo con el cargo. A pesar de que el ascenso al poder de Hatshepsut no fue tomado como un golpe de Estado ni acarreó conflictos bélicos, sino que fue bien acogido por la sociedad, sobre todo por el clero, seducido por ese bulo sobre los orígenes divinos de la reina, el nuevo faraón siempre consideró que su madrastra había usurpado su lugar en el trono de Egipto. Por esa razón, decidió reescribir la historia tratando de borrar para siempre el paso por el trono de Hatshepsut.

Para llevar a cabo su propósito, Tutmosis III envió a su personal bajo la orden de romper los relieves donde aparecía la faraona y, además, trató de sustituirlos por los de su padre, Tutmosis II. Tal fue el impacto negativo que se infundó sobre esta reina que, tiempo más tarde, el faraón Seti I realizó una lista con el nombre de todos los faraones de Egipto y no incluyó a Hatshepsut por considerarla impura.

Debió de ser toda una sorpresa cuando en 1828 Champollion, el principal descubridor del significado de los jeroglíficos, identificó en el templo de la reina en Deir el-Bahari la terminación femenina en el cartucho que lleva el nombre de Hathsepshut. Imagino la cara que debió poner ante tal hallazgo, pues hasta ese momento no podían ni imaginar que una mujer gobernara Egipto, por lo que este dato revolucionaría el mundo de la egiptología. En ese mismo momento, Champollion decidió llamarla «rey-reina», aunque a día de hoy la figura de una mujer en el poder se conoce como reina-faraón o faraona.

Después de Hatshepsut, nada volvería a ser igual. Vendrían más mujeres que alcanzarían el poder, pero ninguna lo haría con la majestuosidad y grandeza de esta llamativa y única soberana, cuyo reinado se recordará por siempre como uno de los más prósperos y pacíficos de la historia de Egipto, pues prefirió enaltecer su país con sus prodigiosas construcciones en lugar de llevarlo a la guerra. Es más, es importante mencionar que sus escasas campañas militares se lidiaron exclusivamente para la defensa de las Dos Tierras frente a ataques fronterizos. Por el contrario, su sucesor, Tutmosis III, sí lideraría numerosas contiendas, aunque también gloriosas victorias, gracias a las cuales consiguió elevar a Egipto al rango de gran potencia mundial. No obstante, cabe preguntarse si el que acabaría siendo reconocido como uno de los monarcas más importantes y poderosos de los tres mil años de civilización faraónica hubiera alcanzado tales méritos de no haber sido por la instrucción que adquirió de su predecesora.

Esfinge colosal de la reina Hatshepsut, en la que aparece representada con cabeza humana y cuerpo de león, como símbolo de poder. Una de las magnas construcciones que ordenó edificar la faraona y que, afortunadamente, fue conservada tras el exterminio de su hijastro y sucesor en el trono Tutmosis III (MET, Nueva York).

NEFERTITI

La bella ha llegado

¿Quién no ha visto alguna vez en documentales, películas o libros la imagen del famoso busto de la reina Nefertiti? La vida de esta mujer ha inspirado, y sigue haciéndolo, historias de todo tipo. Su vida está repleta de grandes misterios, aventuras y conspiraciones. Incluso, tras su desaparición, los enigmas se incrementaron aún más, llevados por la incertidumbre de lo que le ocurrió a una de las reinas con más influencia en todo Egipto, quien pudo acabar siendo faraona y guiando a su pueblo en uno de los momentos más difíciles para la política interna del país.

La escultura conocida como Busto de Nefertiti es uno de los descubrimientos arqueológicos más famosos e inspiradores a nivel universal. Lo cierto es que, hasta entonces, poco se sabía de esta reina, y fue tras este hallazgo que Nefertiti saltó a la fama, y no es para menos, pues estamos ante una de las piezas más bonitas de la arqueología global, la cual conserva sus vivos colores, a pesar de contar con más de 3400 años de antigüedad. En él podemos observar la belleza que quizás tuvo la reina en vida. En el inconsciente colectivo de todos está la idea de que Nefertiti era una mujer realmente hermosa, pero ¿qué hay de cierto en esto? ¿El busto representa fielmente el rostro de la reina, o se trata de una imagen idealizada? Sea como fuere, la aparición de esta obra artística nos abrió las puertas a la fascinante historia de una de las mujeres más icónicas del mundo.

LA MÁS HERMOSA DEL ANTIGUO EGIPTO

En 1912, después de cinco años excavando en Amarna, Ludwig Borchardt descubrió el taller de Tutmosis, el escultor real que se encargaba de hacer las estatuas para el faraón y su familia. En dicho taller, encontró una veintena de piezas de un valor incalculable con los rostros del faraón Akenatón, su esposa Nefertiti y las hijas de ambos. No obstante, había una escultura en concreto que destacaba por encima del resto, un busto con una policromía y una belleza que dejó boquiabierto al arqueólogo. Se trataba del hoy nombrado Busto de Nefertiti, una auténtica obra de arte que el arqueólogo consiguió sacar de Egipto y llevar a Berlín en 1913, donde permanece a día de hoy.

Los arqueólogos siempre han tenido un diario de excavación para ir tomando nota de lo que hacían cada día y lo que iban encontrando en su trabajo. En el caso de Ludwig Borchardt, el 6 de diciembre de 1912, coincidiendo con la página 43 de su diario de excavación, realizó un dibujo de la famosa estatua de la reina y lo complementó con unas emotivas palabras, que decían: «Los colores son tan frescos como si acabaran de aplicarlos al busto [...]. No sirve de nada describirlos, hay que verlos».

Es muy probable que el busto esté inspirado en el verdadero aspecto de la reina, aunque algunos investigadores lo ponen en duda. Por ejemplo, el egiptólogo Rolf Krauss llevó a cabo un experimento muy ingenioso para saber si el busto se podía corresponder con la apariencia real de Nefertiti o si, por el contrario, era una imagen idealizada de la misma.

Para ello, colocó una cuadrícula sobre el busto, tanto de perfil como de frente, y observó que cada rasgo del rostro de la reina, como la base de los ojos o la comisura de los labios, se encontraba exactamente en la intersección de dos líneas de la cuadrícula. Esto demuestra que el busto tiene una simetría perfectamente calculada, siendo prácticamente imposible que la cara de la dama fuera tan perfecta como la del busto. Aun así, es muy probable que Nefertiti fuera una mujer muy atractiva y, al igual que observamos en su busto, siempre utilizara un bonito maquillaje.

Al ser la gran esposa real, tenía el privilegio de pertenecer al harén del faraón y disfrutar de todo tipo de comodidades. Aquí, una de sus ocupaciones podría ser la de cuidar su imagen, utilizando maquillaje para así poder ocultar posibles imperfecciones antes de salir a la calle a realizar sus actividades diarias. En este sentido, algo sorprendente es que el maquillaje utilizado en esta época no ha variado mucho en los últimos miles de años.

Busto de Nefertiti (Museo Nuevo de Berlín).

Tal y como observamos en su busto, Nefertiti se aplicaba sombra de ojos en los párpados, y, aunque en este caso se le puede ver un tono marrón, se sabe que no era el único pigmento que usaba, pues esto dependía de la ocasión. También se delineaba los ojos de color negro y se realizaba el conocido *eyeliner* o «rabillo del ojo». Para conseguir este efecto de mirada rasgada, se valía de un material conocido como *kohl,* extraído de un mineral que, curiosamente, se sigue empleando en la actualidad en infinidad de marcas de cosmética. Y, por supuesto, se pintaba los labios, normalmente de color rojo tierra, como se muestra en el famoso busto.

Aunque si hay algo que realmente llama la atención de todo aquel que tiene la oportunidad de contemplar el Busto de Nefertiti, es, sin duda, la ausencia de su ojo izquierdo. Este es uno de los mayores misterios que envuelven a la figura, pues siempre se había creído que el ojo se desprendió del busto y se perdió en algún momento de la historia. Sin embargo, tras analizar detenidamente con microscopio el interior de la cuenca, se observó que en ella no había ni rastro de resinas ni de ningún tipo de pegamento, lo que indicaba que nunca hubo ningún ojo izquierdo en el rostro de Nefertiti, y ello, evidentemente, acrecentó aún más el enigma en torno a esta reina.

Pero ¿cómo es posible que una pieza tan cuidadosamente elaborada no se llegara a finalizar y le faltara solamente un ojo? Se ha especulado mucho sobre esto. Hay quien piensa que el artesano Tutmosis tuvo que dejar sin finalizar el busto porque se vio obligado a cerrar su taller por algún motivo desconocido. Otros, en cambio, creen que esto es debido a que la reina estaba ciega de ese ojo. También hay quien sostiene que se realizó de este modo intencionadamente para ser colocada de perfil, y por eso no necesitaban el caro cristal del otro ojo. Incluso se ha llegado a teorizar sobre que fue producto de una venganza por parte de Tutmosis porque estaba enamorado de Nefertiti y su amor no era correspondido. No obstante, ninguna de estas hipótesis puede ser confirmada, por lo que la mayoría de los egiptólogos han llegado a la conclusión de que el busto de Nefertiti era, en realidad, una pieza maestra utilizada como guía para los artesanos aprendices que se formaban en el taller de Tutmosis. Algo que ratificaría esta idea es el hecho de que fue hallada en el interior del taller. Así, el motivo de la falta del ojo se resumiría en que era un ejemplo útil para enseñar a los alumnos a elaborar una cuenca para, una vez terminado el trabajo, colocar el ojo en su interior.

Otro debate sin conclusión, esta vez internacional, se centra en la cuestión de a quién pertenece la pieza, siendo Alemania y Egipto las dos opciones rivales. Especialmente, son las autoridades egipcias quienes no han cesado en los últimos cien años de intentar recuperar el busto de la reina, el cual, como ya sabemos, fue trasladado a Berlín en 1913 por su descubridor, Ludwig Borchardt. Ya en 1925 comenzaron las primeras negociaciones para que la escultura volviera a Egipto, aunque no hubo suerte. En la década de los años 30, con Hitler en el poder alemán, el Gobierno de Egipto volvió a intentarlo, a lo que Hitler respondió:

> Conozco el famoso busto, lo he observado maravillado muchas veces y me deleita siempre. Es una obra maestra única, un verdadero tesoro. ¿Sabe usted lo que voy a hacer algún día? Voy a levantar un nuevo museo egipcio en Berlín. Sueño con ello. Dentro de él construiré una cámara coronada por una gran bóveda y en el centro estará Nefertiti. Jamás renunciaré a la cabeza de la reina. [Hernandez, 2017].

Tras la Segunda Guerra Mundial, los egipcios continuaron con su deseo, pero sin éxito. Y ahora, con la apertura del nuevo Gran Museo Egipcio —también conocido como Museo de Guiza—, las autoridades persisten en su reclamación, a pesar de que Alemania se justifica argumentando que la pieza fue sacada de Egipto de manera legal y, por tanto, les pertenece. Lo cierto es que hay mucha controversia en este sentido, pues Egipto asegura que Ludwig Borchardt no fue transparente y engañó a la administración de la época. Cuando el arqueólogo alemán se topó con el taller de Tutmosis, el acuerdo era que Egipto se quedaba con la mitad de las piezas que ellos eligieran, que normalmente eran las de más valor, y Alemania podía llevarse el resto. Pues bien, al parecer, el arqueólogo usó la artimaña de esconder el busto de la reina entre las piezas de menor valor y dijo que se trataba de una figura de yeso sin importancia. ¿Será esta acusación cierta? Según Alemania, no; de hecho, están convencidos de ello.

En cualquier caso, el busto de la reina propició una búsqueda incesante para conocer la identidad de la persona allí representada. Desde el mismo momento de su descubrimiento, se convirtió en una de las mujeres más conocidas y admiradas por todos los amantes de la historia, y no es para menos, pues su vida es realmente apasionante.

DETRÁS DE UN GRAN HOMBRE SIEMPRE HAY UNA GRAN MUJER

Sobre los orígenes de Nefertiti existen muchos interrogantes. Para algunos, el significado de su nombre («la bella ha llegado») es asociado a la posibilidad de que fuera extranjera, aunque la mayoría de los expertos coinciden en que es más probable que su origen fuera egipcio. De hecho, se cree que podría proceder de la nobleza, pues no se han hallado inscripciones en las que se mencione que es hija o hermana de reyes, aunque sí se sospecha que su padre pudo ser Ay, un alto funcionario que acabó ocupando el trono como faraón tras el reinado de Tutankamón.

En el cuarto año del reinado de Akenatón, se empezó a tener referencias acerca de la existencia de Nefertiti, ya que fue en este momento cuando contrajo matrimonio con el rey. A la par, se inició la famosa reforma religiosa llevada a cabo por Akenatón, que consistió en la eliminación y persecución de los dioses tradicionales que formaban el panteón egipcio, en detrimento de Atón, quien quedó como dios principal y supremo. Para algunos, esto marcó la aparición del primer monoteísmo de la historia, aunque quizás lo más correcto sea hablar de henoteísmo, pues, al parecer, seguían existiendo algunos dioses secundarios o de menor rango frente a Atón.

Este cambio teológico estuvo acompañado de una modificación de algunas de las tradiciones egipcias, como sucedió, por ejemplo, en el arte, al empezar a elaborarse los rostros de las personas representadas en las obras de una forma más estilizada y alargada, llegando a aparecer estatuas y relieves de la familia real con cráneos extremadamente alargados.

Otro cambio significativo que acarreó la reforma religiosa fue el traslado de la capital a una nueva ciudad: Ajetatón, la actual Amarna. Akenatón, con el apoyo de la reina, mandó construir unas estelas fronterizas que delimitaban el territorio de la ciudad. En estas estelas, que dejan constancia del proyecto urbanístico de Akenatón, se puede ver a la gran esposa real, Nefertiti, junto a Akenatón y a su primogénita, Meritatón. En ellas, Akenatón manifiesta lo siguiente:

> Haré para mí las habitaciones del faraón, que viva, prospere y tenga buena salud, haré las habitaciones de la Gran Esposa Real en el Horizonte de Atón, en este lugar. ¡Que se haga para mí una tumba en la montaña al este del Horizonte de Atón! En ella me enterrarán [...] y se enterrará la Gran Esposa Real [...] y se enterrará la hija real Meritatón. [Tallet, 2022, p. 152].

Estela de piedra en la que aparecen representados el faraón Akenatón (izq.), junto a su esposa, la reina Nefertari (dcha.), y dos hijas de ambos, sentados bajo el sol, como símbolo de la bendición de Atón, divinidad solar (Museo Egipcio de Berlín).

Una curiosidad de la nueva capital es que en ella los templos estaban dedicados al dios Atón, representado siempre como un sol. Por este motivo, están construidos con patios y capillas a cielo abierto, para que el sol pueda penetrar en todos los rincones del templo. De este modo, las ofrendas de comida que se hacían a Atón se dejaban al sol sobre mesas, donde, evidentemente, se descomponían; aunque el deterioro significaba para los egipcios que Atón, a través de la luz solar, había absorbido los nutrientes de aquellos obsequios y se alimentaba gracias a ellos. Esto es algo realmente insólito, pues hasta ese momento los templos egipcios tenían sus santuarios ocultos en la oscuridad.

Durante los años que Nefertiti pasó en Amarna, fue representada siempre acompañando a su marido, y en una posición bastante influyente. Llegamos a encontrar incluso una imagen que muestra a Nefertiti sobre un carro de caballos, algo nunca antes visto en otra reina, lo cual demostraría la gran relación que tenía con el faraón, quien también aparece a su lado sobre el carro.

Hacia el año doce del reinado de Akenatón, Nefertiti ya había dado a luz a seis princesas y había añadido a su nombre el de Neferneferuatón, que significa «perfecta es la belleza de Atón», un detalle que puede cobrar sentido más adelante en este mismo capítulo.

Uno de los trabajos de la reina era el de mantener una buena relación y comunicación con los reinos extranjeros, por lo que, también en el año doce, Nefertiti y Akenatón recibieron a los representantes de los pueblos vecinos (levantinos, egeos, libios y nubios), quienes entregaron regalos a los reyes. En la tumba de Huya, intendente de los dominios de Tiy, la madre de Akenatón, se puede ver a Nefertiti y Akenatón dirigirse con una silla de mano (o portátil) a un lugar donde los pueblos extranjeros esperan rendirle homenaje. Y junto a esta escena se puede leer:

> Aparición del rey del Alto y el Bajo Egipto Neferjeperura Waenra y de la Gran Esposa Real Neferneferuatón Nefertiti, ojalá que viva eternamente y para siempre, en la gran silla de

> mano [portátil] de electro, para recibir los tributos de Kharu, de Kush, del oeste y del este. [Tallet, 2022, p. 156].

Este texto nos sirve como una pequeña muestra en la que se ve cómo Nefertiti estaba presente y actuaba junto al rey en todos los actos institucionales. Tanto es así que incluso en las manifestaciones artísticas se la solía mostrar en las mismas condiciones que el soberano.

Otro aspecto llamativo que podemos extraer del texto es lo de la «silla de mano de electro». El electro es un precioso metal creado a través de la combinación de oro y plata, por lo que esta silla debía de ser realmente sorprendente. Como dato, los egipcios de esta época sabían cómo elaborar mobiliario plegable. Sin ir más lejos, en la tumba de Tutankamón, Howard Carter encontró la primera cama plegable de la que se tiene constancia en la historia. Estaba elaborada en madera y papiro, y servía para que el faraón pudiera descansar en sus jornadas fuera de casa.

El faraón Akenatón y su esposa Nefertiti, un matrimonio unido (*The Wilbour Plaque;* Brooklyn Museum, Nueva York).

Volviendo a Nefertiti, se dejó de tener constancia de ella hacia el año catorce del reinado de Akenatón, pues no se han encontrado imágenes o textos suyos en Amarna después de este periodo. Pero ¿qué pasó realmente con la reina?

Hasta hace poco, este misterio se resolvía aludiendo a su propia muerte, argumentando que este era uno de los motivos por los que no se volvió a representar más. Sin embargo, un descubrimiento increíble en las canteras de Dayr Abu Hinnis descartó la hipótesis de su fallecimiento, pues ahora sabemos que la reina siguió con vida más allá del año dieciséis del reinado de su esposo (Van Der Perre, 2014), lo cual ha aumentado el misterio, ya que casi con total seguridad sobrevivió a su esposo, y ha provocado que cada vez haya más adeptos a una nueva hipótesis totalmente revolucionaria. ¿Llegó a ser Nefertiti una faraona?

EL MISTERIO DE SU DESAPARICIÓN

Lo cierto es que, durante la época de Amarna, tanto Egipto como otros reinos cercanos sufrieron una epidemia con bastante mortalidad que provocó la defunción de innumerables personas. Se han encontrado cartas en Amarna en las que se hace mención específica de la epidemia que se vivió y se deja constancia de que esta se extendió al menos hasta en cinco regiones diferentes: Megiddo (Israel), Sumur (Siria), Biblos (Líbano) y Alashiya (Chipre). En Alashiya, por ejemplo, la epidemia se cobró la vida de los trabajadores de las minas, por lo que el gobernador no pudo enviarle el cobre acordado a Akenatón. La carta, en la que hay que tener en cuenta que Nergal era un dios sumerio-babilonio asociado a las plagas y la enfermedad, dice así: «La mano de Nergal, mi Señor, está en mi tierra. Él ha asesinado a todos los hombres de mi tierra, y no hay un solo trabajador en las minas de cobre» (Gestoso Singer, 2019).

También, gracias al registro de unas plegarias que se escribieron precisamente para acabar con la plaga, se sabe que se extendió al reino de Hatti. Este registro dice así:

> Mi padre [Suppiluliuma I] envió la infantería y los carros, y ellos atacaron la frontera de Egipto, la tierra de Amka. Y otra vez envió tropas, y otra vez atacaron. Cuando los hombres de Egipto se asustaron, vinieron y le preguntaron a mi padre francamente por su hijo para la realeza. Pero cuando mi padre envió a uno de sus hijos, lo llevaron allí (a Egipto) y lo asesinaron. Mi padre se horrorizó y fue a territorio egipcio, atacó a los egipcios, y destruyó la infantería y los carros egipcios [...]. Pero cuando los prisioneros de guerra, que habían sido capturados, fueron conducidos hacia la tierra de Hatti, una pestilencia estalló entre los prisioneros y comenzaron a morir. Cuando los prisioneros de guerra fueron llevados a la tierra de Hatti, [...] llevaron la pestilencia a la tierra de Hatti. A partir de ese día las personas han estado muriendo en la tierra Hatti. [Gestoso Singer, 2019].

En 2004, la paleoentomóloga Panagiotakopulu publicó un artículo en el cual investigaba sobre la epidemia de peste bubónica que afectó a los trabajadores en la ciudad de Amarna. Allí encontró una gran cantidad de pulgas de gato y humanas que podían contagiar la peste. Además, se hallaron numerosas ratas que debieron contribuir a la expansión de dicha enfermedad.

Es posible que esta epidemia fuera interpretada por los egipcios como un castigo divino por el cambio religioso y la adoración al dios Atón. Tal vez por esto, Amarna fue abandonada y se estableció el culto a las demás divinidades justo tras la muerte de Akenatón. Esta hipótesis no sería descabellada, pues conllevó una grandísima mortalidad que afectó incluso a la familia real. De hecho, sabemos que Akenatón y Nefertiti perdieron a varias de sus hijas justamente en este periodo de manera repentina. Del mismo modo, a menudo se ha creído que la desaparición de Nefertiti estuvo provocada por dicha epidemia. Sin embargo, cada vez son más los que creen que en realidad la reina cambió su nombre y se convirtió en faraona de Egipto. Pero ¿qué evidencias hay de que Nefertiti logró llegar a lo más alto del trono egipcio?

Como hemos adelantado, hace poco más de una década se descifraron los jeroglíficos de las canteras de Dayr Abu Hinnis, a unos 20 kilómetros al norte de Amarna. En ellos se encontró una inscripción vinculada a Nefertiti que data del año dieciséis del reinado de Akenatón, por lo que la reina estaba viva para entonces. Esto hace creer a los egiptólogos que Nefertiti sobrevivió a su marido. Pero ¿por qué no hay registros con el nombre de la reina desde el año catorce? Se cree que Nefertiti fue ascendida a faraona, coregentando el gobierno con su marido, y por ello el puesto de gran esposa real quedó para su hija Meritatón.

Para conocer este período de la historia en detalle, nos tenemos que remontar al final del reinado de Akenatón, donde tuvo lugar uno de los momentos más confusos para los investigadores. Esto es así debido a que entran en escena dos enigmáticos faraones para suceder al difunto rey de Egipto: Smenejkara, con atributos masculinos, y Neferneferuatón, que fue una mujer.

Al ser un periodo tan desconocido, hay varias hipótesis sobre la posible llegada de Nefertiti al puesto de faraona. Por un lado, hay quienes creen que el misterioso faraón llamado Smenejkara es, en realidad, Nefertiti con atributos masculinos, tal y como hizo anteriormente Hatshepsut. Aunque no hay pruebas para demostrar algo así. De hecho, también se baraja la posibilidad de que se trate de un hermano o un hijo desconocido de Akenatón.

En la siguiente estela, en la que aparecen representados Semenejkara junto con Meritatón, hija de Nefertiti y gran esposa real de este, podría ser clave para confirmar que este efímero faraón fue un rey varón que no tiene nada que ver con Nefertiti. Sin embargo, existe una teoría que considera que el matrimonio entre Semenejkara y Meritatón fue en realidad entre Nefertiti, quien adoptaría el nombre de Semenejkara para gobernar, y su primogénita. Pero ¿significa esto que Nefertiti se desposó con su propia hija para garantizar el trono de Egipto? Puesto que Nefertiti no descendía de faraones, no gozaba de ningún derecho legítimo para gobernar; su hija Meritatón, por el contrario, sí. Por tanto, la única manera que había de que Nefertiti obtuviera el cargo lícitamente sería casándose con una hija de Akenatón, el anterior faraón; es decir, su propia hija. Aunque, en cualquier caso, se trataría de un matrimonio simbólico, a partir de una especie de ritual, para así justificar el ascenso de Nefertiti.

Posible representación de Semenejkara y Meritatón.

Por otro lado, existe una corriente que identifica a Nefertiti con Neferneferuatón. Esto es así por varios motivos. El primero de ellos es el hecho de que Neferneferuatón fue una faraona, ya que su nombre y títulos aparecen feminizados. También sabemos la influencia y poder que tenía Nefertiti en la época de Amarna. Se ha encontrado una representación muy inusual para cualquier reina, y es la que nos muestra a Nefertiti con la pose típica de los faraones ajusticiando a sus enemigos. Además, como hemos comentado anteriormente, Neferneferuatón era precisamente parte del nombre que tenía Nefertiti (Neferneferuatón Nefertiti).

Hay que tener en cuenta que, a pesar de que nos encontramos ante una de las épocas más misteriosas de la historia y que más interés ha suscitado, hay hipótesis que no son concluyentes por falta de datos. No obstante, un gran número de egiptólogos están de acuerdo en que Nefertiti, probablemente, llegó a convertirse en faraona de la Dinastía XVIII debido a que el heredero al trono (Tutankamón) aún era muy pequeño para gobernar tras la muerte de Akenatón. Todo esto, influenciado por la imperante necesidad de tener un gobernador para Egipto, pues se vivían tiempos muy convulsos debido a serios conflictos religiosos. En cualquier caso, no hay nada claro y todo sigue siendo muy misterioso, al igual que la cuestión del enterramiento y la momia de la reina Nefertiti.

UNA MOMIA ESCURRIDIZA

Sabemos, por las inscripciones en las estelas que mandó tallar Akenatón, que se construyó una tumba para Nefertiti en la ciudad de Amarna, o al menos esa era su intención, pues, con la creación de la nueva capital, también se fundó una necrópolis destinada a la familia real, conocida como el Valle Real de Amarna.

En una campaña arqueológica entre 1931 y 1932 se descubrió un *ushebti* de la reina Nefertiti en Amarna, por lo que se entiende como un hecho que podría verificar la constancia de que el entierro debió de producirse allí, aunque por el momento no se ha descubierto la ubicación exacta ni se ha hallado ningún otro objeto relacionado con su ajuar funerario. Sin embargo, hay egiptólogos que creen que su momia sí ha podido ser descubierta, pero en la ciudad de Lúxor. De hecho, se conoce que algunos de los enterramientos reales llevados a cabo en Amarna fueron trasladados a Tebas, la actual Lúxor, donde podría haber sido movido el cuerpo de la reina.

Durante el gobierno de Tutankamón, la ciudad de Amarna fue abandonada y, con el objetivo de evitar que las tumbas quedaran a disposición de los saqueadores, se le dio un segundo enterramiento a la familia real en la necrópolis tebana. Al fin y al cabo, el faraón niño (Tutankamón) era hijo de Akenatón, y su media hermana y esposa Anjesenamón era hija de Akenatón y Nefertiti, por lo que querían salvar a toda costa las momias y el ajuar de sus familiares más directos.

En 1898, dentro de la tumba del Valle de los Reyes conocida como KV35, se hallaron dos momias sin ningún tipo de distintivo que agilizara las labores de identificación. Por ello, tan solo pudieron constatar que una de las momias se correspondía con una mujer de avanzada edad y la otra, en cambio, con una mujer joven. A la primera de ellas se le dio el nombre de la Dama Anciana, mientras que a la segunda se la llamó la Dama Joven.

La egiptóloga Joan Fletcher hipotetizó que la momia de la Dama Joven pertenecía, en realidad, a la reina Nefertiti. Uno de los motivos que argumenta para demostrar su identidad fue el golpe que presenta la momia en su rostro. Hallaron que esta herida fue provocada cuando aún estaba viva y que, además, fue la causante de su muerte. Según Fletcher, esto es algo que coincidiría con Nefertiti y su fatal destino, pues tuvo muchos adversarios debido a la polémica reforma religiosa y a la situación tan comprometida en la que se vio envuelta tras la muerte de su esposo.

Más adelante, los análisis de ADN demostraron que la momia de la Dama Anciana es la abuela de Tutankamón, Tiy (de la que hablaremos en otro capítulo), y la momia de la Dama Joven es la madre del famoso faraón niño, lo cual generó una gran controversia, pues la mayoría de los egiptólogos no creen que Nefertiti fuera la madre biológica de Tutankamón, ya que no hay evidencias en relieves o grabados que hagan referencia a ello.

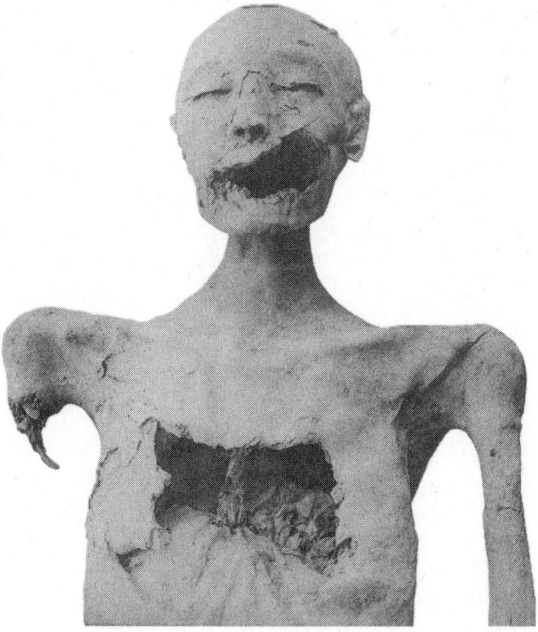

Momia conocida como la Dama Joven, hallada en la tumba KV35, la cual se pensó que podría pertenecer a la reina Nefertiti.

Otra opción que también se estudia es aquella que sostiene la posibilidad de que la momia de la Dama Joven se corresponda, en realidad, con Kiya, otra esposa de Akenatón, que suele identificarse como la madre de Tutankamón.

En la actualidad sigue sin existir un consenso sobre la verdadera identidad de esta momia, pues es importante señalar que los análisis de ADN realizados sobre restos tan antiguos y contaminados no son para nada fiables, por lo que continúan las labores para averiguar dónde está el cuerpo de Nefertiti y, por consiguiente, cuál fue el lugar destinado a su eterno descanso.

Otra hipótesis al respecto sobre el paradero de la tumba y la momia de Nefertiti es la que defiende el egiptólogo Nicholas Reeves, quien cree que la tumba está en el interior de la KV62, donde se encuentra la momia de Tutankamón. Concretamente, cree que se ubica al pasar una puerta oculta que se esconde en la cámara funeraria. Después de mucho tiempo estudiando y analizando detenidamente el interior de la KV62, el egiptólogo se ha percatado de que existen dos nuevas cámaras aún sin descubrir. Una de ellas parece ser un lugar de almacenamiento en cuyo interior podría haber objetos de un valor incalculable. Aunque lo mejor se encuentra en la pared norte de la cámara funeraria de dicha tumba, pues se cree que existe otra puerta que conduciría a una cámara de mayor dimensión que la anterior y, por lo tanto, podría conectar directamente con la tumba de Nefertiti.

Un argumento que da peso a esta idea es el repentino fallecimiento de Tutankamón. Al morir de una manera tan inesperada, es muy probable que su tumba no estuviera concluida, por lo que quizás tuvieron que reutilizar una tumba ya existente. La hipótesis de Nicholas Reeves es que se adueñó de la entrada y primera parte de una gran tumba, la cual estaría destinada a Nefertiti, y por eso la KV62 es tan pequeña para ser una tumba faraónica del Valle de los Reyes.

No obstante, no hay que olvidar que existe la posibilidad de que la momia de Nefertiti se vendiera en el mercado negro y que, a día de hoy, sea imposible dar con su paradero, pues, tristemente, no sería la primera vez que sucede algo así con una momia real. De hecho, en 1871 una familia de saqueadores llamada Abd el Rasul, quienes ganaron una fortuna vendiendo algunas de las piezas más valiosas que existieron en el Antiguo Egipto, le vendieron al empresario James Douglas una momia muy bien conservada, y este, a su vez, la revendió al Museo de las Cataratas del Niágara, en Ontario (Canadá). La momia permaneció allí durante más de cien años, hasta que un equipo de científicos la identificó como la momia de Ramsés I. Tras esto, Egipto la reclamó y fue entregada a su país de origen en el año 2003. A su llegada a Egipto, la momia real fue recibida con honores de Estado, pues, a pesar de los miles de años que nos separan desde su gobierno, Ramsés I fue un importante mandatario y, por lo tanto, se le dio una bienvenida a la altura de sus méritos.

Esto es algo que ya vimos unos años antes, en 1976, con la momia de Ramsés II, la cual viajó a Francia para que se le realizaran una serie de análisis, y allí fue recibida como un jefe de Estado en activo. A su llegada al espacio aéreo francés, el avión que lo trasladaba fue escoltado por dos reactores militares y, una vez en tierra, estuvo acompañado por el embajador de Francia en Egipto. De hecho, la secretaria de Estado para Universidades Alice Saunier-Seité le dedicó unas bellas palabras: «Francia saluda a los restos mortales de uno de los más grandes jefes de Estado de toda la Antigüedad».

¿Quién sabe si, algún día, uno de los minuciosos estudios científicos a esas momias con las que se topan los expertos en sus labores arqueológicas nos revela que estamos ante los restos de la protagonista de ese famoso busto falto de un ojo?

En cualquier caso, tras este repaso por la vida de Nefertiti, no cabe duda de que su historia está repleta de misterios, y todo lo que gira en torno a su desaparición, posible gobierno como faraona, muerte y enterramiento es todavía un auténtico enigma. Afortunadamente, los hallazgos arqueológicos en Egipto se suceden cada vez a mayor velocidad, y las arenas esconden aún muchos secretos que esperan ser revelados. Por ello, no me cabe la menor duda de que, poco a poco, se irá arrojando luz sobre la vida y muerte de una de las reinas más apasionantes del Antiguo Egipto.

TAUSERT

La ambición hecha mujer

A pesar de ser una desconocida para el gran público, la historia de Tausert y cómo alcanzó el poder es tan apasionante e intrigante que bien podría ser una superproducción exitosa de Hollywood. Su vida está repleta de ambición, conspiraciones, engaños y una maldición tras su muerte.

Para poder entender su vida, hay que comenzar hablando de Ramsés II. Este faraón tuvo más de un centenar de hijos e hijas, lo que provocó una competencia feroz por llegar a los puestos más altos del gobierno. Todos estos hijos, y su descendencia, generaron una competición desenfrenada en la pirámide de poder egipcia. Dicha competición provocó que las mujeres de la familia tuvieran aún más difícil hacerse con el trono. A pesar de ello, hubo una reina que lo consiguió: Tausert. Su nombre significa «la poderosa» y, como vas a poder comprobar, no es casualidad.

SIPTAH, EL FARAÓN TULLIDO

Durante la XIX Dinastía, las mujeres no eran bienvenidas en puestos de poder. Una prueba de ello la encontramos en la lista real que el faraón Seti I realizó en el Templo de Osiris (Abidos). En ella, podemos observar cómo el nombre de algunas mujeres, como Hatshepsut y Neferneferuatón, fueron suprimidos con la intención de eliminarlas de la historia.

Años más tarde, en torno al año 1200 a. C., cuando Seti II llegó al poder, este era un hombre de edad ya avanzada que contaba con hijos adultos y una mujer que superaba la edad fértil. Ante esa situación, la tradición egipcia obligaba al faraón a formar un harén y tener nueva descendencia para obtener un heredero al trono. Así, Seti II buscó a una joven con la que casarse y otorgarle el título de gran esposa real. Esta mujer fue nuestra protagonista, Tausert.

Tausert procedía de la extensa familia ramésida, no era ni hija ni hermana de reyes, sino que probablemente descendía de uno de los muchos príncipes engendrados por Ramsés II. Al casarse con el faraón Seti II, se convirtió en gran esposa real y su función consistió en dar a luz al futuro faraón. Sin embargo, la fortuna no estuvo de su parte, y Tausert solo parió a un hijo que falleció poco tiempo después de nacer. Ante esto, su situación como reina no parecía muy prometedora, hasta que, al fallecer su esposo, la vida de la reina dio un cambio radical.

Tras la muerte del faraón, y sin descendencia con la gran esposa real, subió al trono un hijo que tuvo Seti II con una de las múltiples esposas que formaban su harén, llamado Siptah. Sin embargo, cuando el nuevo faraón tomó el cargo, era tan solo un niño y, además, padecía serios problemas físicos. Al analizar su momia, hallada en la tumba KV35, se descubrió que sufrió una enfermedad que le provocó una grave minusvalía. El joven fue infectado por el virus de la poliomelitis. Este virus daña el sistema nervioso y la capacidad motora, originando con frecuencia deformación en brazos y piernas. En el caso de Siptah, la poliomelitis le afectó severamente a su pierna izquierda, la cual tiene un tamaño inferior con respecto a su pierna derecha. Para salvar esta diferencia, su pie izquierdo terminaba en una posición vertical, como de puntillas, contrarrestando así los centímetros de diferencia que había entre una pierna y la otra.

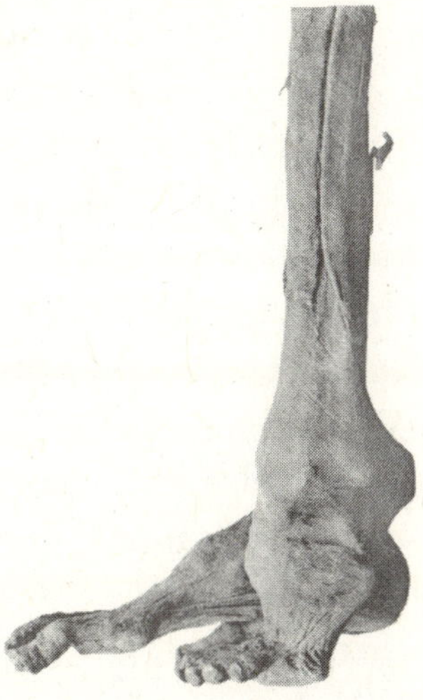

Pies de la momia de Spitah, donde se aprecia la técnica para disimular los estragos de la polio en su cuerpo.

La poliomelitis, comúnmente conocida como «polio», era una enfermedad bastante frecuente en el Antiguo Egipto. Por ejemplo, existe un relieve protagonizado por un funcionario llamado Roma, de la XVIII Dinastía, en el cual se le puede ver apoyado en un bastón, cuya pierna derecha muestra la misma anatomía que la momia de Siptah, es decir, es de menor tamaño, más corta y más delgada, y su pie se encuentra en posición vertical.

Dado que era evidente que el joven Siptah no estaba capacitado para gobernar un imperio, hubo una lucha de poder muy curiosa entre tres aspirantes muy dispares: por un lado, Siptah, un joven tullido; por otro, Tausert, una mujer, y, por último, un individuo extraño y misterioso llamado Bay, que no tenía sangre real. Cada uno de ellos tenía un hándicap significativo para gobernar, y solo podía quedar uno. ¿Quién ganará esta lucha por el trono de Egipto?

UN JUEGO DE TRONOS EGIPCIO

Tausert se convirtió en esposa divina de Amón en Tebas o, lo que es lo mismo, en una sacerdotisa del más alto nivel. Justo al mismo tiempo, Siptah llegaba al trono. Gracias al poder sacerdotal, la reina podía tener una gran influencia sobre el gobierno. Además, ostentaba el título de «gran noble de todas las tierras», que, para muchos egiptólogos, es sinónimo de «regente». Parecía más que evidente que Tausert tenía todo a su favor para controlar al joven faraón. Sin embargo, esta tarea no iba a ser tan sencilla.

La sorpresa de los egiptólogos fue mayúscula al descubrir que, a pesar del gobierno de Siptah y la regencia de Tausert, el verdadero poder recaía en manos de un extraño individuo llamado Bay, del cual hay muchas más sombras que luces. Este personaje desconocido aparece en escena durante el reinado de Seti II (que, recordemos, era esposo de Tausert), primero como escriba y, más tarde, como consejero real, siendo la mano derecha del faraón. Lo más curioso de todo es que Bay no solo no tenía sangre real, sino que ni siquiera era egipcio. Seguramente, su origen fuera sirio. Esto lo sabemos por una referencia que se hace de él en el Gran Papiro Harris I —el mayor papiro egipcio hallado hasta la fecha, en el que se tratan temas relacionados con la religión y se narran algunos acontecimientos históricos y hazañas reales—, donde se le da dicha procedencia.

Durante el reinado de Siptah, el poder de Bay continuó creciendo. De hecho, su prestigio era tal que, en las imágenes de los templos en los que aparece el joven faraón, este suele estar acompañado del canciller Bay. Pero es que, para colmo, en una inscripción en el yacimiento de Gebel el-Silsila, Bay dice que fue él «quien estableció al rey en el asiento de su padre, a quien amaba» (Cooney, 2023, p. 207). Esto significa que su poder era tan elevado que eligió quién sería el próximo rey de Egipto, algo sin precedentes hasta el momento. Nunca una persona ajena a la realeza llegó a hacer, ni siquiera a atreverse a decir, algo así. De ser cierto, tiene sentido que quisiera al joven Siptah en el trono, pues le resultaría realmente fácil de manejar.

Pero el poder de este canciller fue tan grande que hizo algo inimaginable para un noble: se construyó una tumba en el Valle de los Reyes (la KV13), ¡junto a los faraones más poderosos del Antiguo Egipto! Sin duda, Bay tuvo que ser una persona extremadamente influyente y carismática.

Para algunos investigadores, la relación que había entre Tausert y Bay es incierta. Dudan de un posible idilio extramarital, en el cual hicieron una división de poder para gobernar conjuntamente; aunque también barajan la hipótesis de que todo el poder gubernamental recayera sobre Bay, y este controlara tanto a Siptah como a Tausert.

Pero ¿sabes por qué, a pesar del poder que ostentaba Bay, nunca se autoproclamó faraón? La respuesta la encontramos en la opinión pública y la tradición egipcia. Tanto Siptah, hijo de un faraón, como Tausert, gran esposa real, contaban con privilegios y motivos suficientes para convertirse en faraón y regente, respectivamente. Bay, por el contrario, no tenía sangre real ni ningún motivo que justificara su ascenso al trono, por lo que la única manera que tenía de mantener y aumentar su poder era controlando a quienes sí eran legítimos, tal y como parece que hizo.

Tausert realizando una ofrenda a los dioses.
(Fotografía cedida por cortesía de Nacho Ares).

Aunque, como a cualquier figura de poder, la tranquilidad le iba a durar bien poco, pues lo que Bay no sabía era que se estaba gestando una conspiración en su contra. Parece ser que Tausert no iba a permitir estar a la sombra de un extranjero como él. Así, en el quinto año de reinado de Siptah, se produjo una conjura, que aún se conserva en una inscripción en el Valle de los Artesanos, en Deir el-Medina, donde se puede leer lo siguiente: «El Faraón, vida, prosperidad y salud, ha matado al gran enemigo, Bay»

Algunos egiptólogos, como Cooney (2023), creen que este testimonio en el que se atribuyó el asesinato de Bay al joven faraón Siptah no es del todo cierto, sino que crimen, en realidad, fue pertrechado por Tausert, quien ordenó dicho acto. Lo que está claro es que, tras la muerte de Bay, este pasó a considerarse como un usurpador y un traidor del reino, de los dioses y de las costumbres egipcias. Por lo tanto, se llevó a cabo una gran persecución para eliminar su nombre sobre la faz de la tierra. En el Gran Papiro Harris, perteneciente a la época de Ramsés IV, en cambio, sí constan datos acerca del canciller, aunque evitan dar su nombre. En el documento se puede leer lo siguiente:

> Luego llegó un periodo de varios años vacíos en los que Irsu [así llamaron a Bay para evitar pronunciar su nombre], un sirio, se estableció como jefe habiendo sometido a toda la tierra ante él; cada uno se unió a su compañero para saquear los bienes de los demás, y trataban a los dioses como a los hombres, y no se hacían ofrendas en los templos. [Cooney, 2023, p. 211].

La ambición de Tausert no terminaría aquí. Poco tiempo después de la muerte de Bay, el faraón Siptah también falleció. Se desconoce la causa de su muerte, pero no se descarta que fuera Tausert quien, tras quitar de su camino a Bay, decidiera hacer lo mismo con Siptah. Algunos hechos que dan peso a esta hipótesis son, por un lado, la llamativa eliminación de los registros de Siptah que ordenó Tausert y, por otro, su autoproclamación como reina-faraón al poco tiempo de fallecer Siptah. Además, la faraona comenzó el registro de su reinado a raíz de la muerte de Seti II, sin tener en cuenta el reinado de Siptah. De hecho, hizo como si este nunca hubiera existido.

Aunque no lo podemos saber a ciencia cierta, existe la posibilidad de que Tausert gestara el plan perfecto para hacerse con el trono y lo llevara a cabo poco a poco desde la sombra. Este proyecto habría consistido en acabar primero con la vida de Bay y, poco después, con la de Siptah, aligerando de este modo su camino hasta alzarse con el poder absoluto. De este modo, Tausert conseguiría reinar como faraona en solitario, sin una figura masculina a su lado. Desgraciadamente para ella, su tiempo en el poder fue muy breve, pues apenas estuvo gobernando dos años, siendo la faraona que menos tiempo ha liderado el trono de Egipto.

El hecho de que Tausert no tuviera descendencia que pudiera heredar su posición provocó, una vez más, una crisis sucesoria y, por lo tanto, supuso el fin de su dinastía. Así, tras su breve reinado, dio comienzo la XX Dinastía.

Algo importante a tener en cuenta es que los faraones tenían un harén con numerosísimas mujeres con las que poder tener descendencia. Sin embargo, las faraonas que llegaron al poder estaban limitadas a los hijos que tuvieran con antelación con el faraón, lo que provocaba que estas estuvieran prácticamente condenadas al olvido y, con ellas, también sus dinastías.

En los dos años que gobernó, Tausert llevó a cabo algunas construcciones o reformas, como en Heliópolis y Tebas, y continuó con la extracción de materias primas en las minas del Sinaí. Pero, sin duda, la obra más significativa y famosa durante su reinado fue la de su tumba: ordenó construir una preciosa y colosal tumba en el Valle de los Reyes, la conocida como KV14. Lo curioso es que las aventuras de Tausert no terminaron tras su muerte, pues su momia padeció lo que he catalogado como una maldición, ya que sufrió todo tipo de acontecimientos, los cuales llegaron a provocar un efecto dominó en los demás enterramientos del Valle de los Reyes.

UNA MALDICIÓN QUE LLEGA HASTA NUESTROS DÍAS

¿Te imaginas tener que compartir tu lugar de descanso eterno con un faraón perteneciente a una dinastía diferente a la tuya? Esto tan asombroso le sucedió a Tausert.

Antes de fallecer, la faraona ordenó la construcción de su tumba en el Valle de los Reyes (KV14). Tras su muerte, gobernó el faraón Sethnajt, de la XX Dinastía, quien mandó construir otra tumba para él en el Valle, la KV11. Sin embargo, Sethnajt falleció antes de que su tumba pudiera estar terminada y, ante este inesperado giro de la vida, su hijo Ramsés III decidió enterrar a Sethnajt en la tumba de Tausert. Por este motivo, la tumba de Tausert tiene una profundidad que ronda los 120 metros de longitud y, además, posee dos cámaras funerarias. Una, en primera instancia, construida para Tausert, y otra más profunda, donde se enterró a Sethnajt.

Tumba KV14, donde fueron enterrados los faraones Tausert y Sethnajt en el Valle de los Reyes (Lúxor, Egipto).

Pero esto no es todo. Ramsés III no solo reutilizó la tumba de Tausert como lugar de enterramiento de su padre, sino que también decidió sacar a la faraona de allí para enterrarla junto a su esposo Seti II en la KV15. De este modo, Ramsés III enterró a Sethnajt en la KV14 y aprovechó la tumba que estaba haciendo su padre, la KV11, para su propio enterramiento. Como vemos, se generó un efecto dominó en las tumbas del Valle de los Reyes tras usurpar a Tausert la suya.

En cambio, la maldición *post mortem* de la faraona no iba a terminar aquí. A finales del reinado de Ramsés III, la tumba de Seti II, en la que reposaba la reina, fue abierta y el sarcófago en el que se encontraba ella fue extraído para el uso de un hijo de Ramsés III llamado Amonherjepeshef (Taller, 2022, p. 214).

Y, por si fuera poco, lo peor estaba aún por llegar.

En el año 1898, el egiptólogo francés Victor Loret descubrió que la tumba KV35, perteneciente a Amenhotep II, se había convertido en un escondrijo en el que los sacerdotes y guardianes del Valle de los Reyes ocultaron algunas momias de faraones tras los brutales saqueos que se produjeron en diversas tumbas. Afortunadamente, este escondrijo quedó bien protegido después de que los sacerdotes escondieran allí las momias que no robaron los saqueadores de tumbas. Victor Loret encontró momias de gran valor para la egiptología por tratarse varias de ellas de los faraones más importantes de las Dinastías XVIII, XIX y XX.

También se identificaron las momias de algunas reinas consortes de faraones. Así, entre aquellas de las esposas de Seti II, Merneptah, Siptah, Amenhotep III, Ramsés IV y Tutmosis IV…, se halló la momia de una mujer colocada sobre una tapa de sarcófago puesta boca abajo e inscrita con el nombre de Sethnajt. Sin embargo, en otra parte de la tumba se encontró otra momia que también podía corresponderse con Sethnajt. Todo esto provocó mucha confusión en los investigadores, ya que ¡eran dos momias las que parecían pertenecer a Sethnajt! Estudios posteriores indicaron que una de las momias probablemente fuera Tausert.

Sin duda, la vida y el descanso eterno de la faraona no fueron fáciles. Tras su muerte, los saqueadores arrancaron, en gran parte, sus vendajes y todo su ajuar, joyas y amuletos. Por suerte, parece que logró vencer a la maldición, pues, a pesar de los numerosos cambios en su lugar de enterramiento y de los saqueos que sufrió, su momia, milagrosamente, aún se conserva. Pero, eso sí, tras su descubrimiento, fue enviada a la capital, donde descansa desde entonces en el Museo Egipcio de El Cairo (n.º 61082), por lo que su descanso eterno aún se ve perturbado al ser expuesto y su maldición dura hasta nuestro presente.

¿LA ÚLTIMA FARAONA EGIPCIA?

El ascenso al trono de Tausert no debió de ser visto con buenos ojos por parte de muchos sectores del gobierno egipcio, como era el caso de la casta militar, de la que se cree que Sethnajt estaba a la cabeza. De hecho, este se proclamó faraón a la muerte de Tausert, dando comienzo una persecución contra su memoria, pues consideraba que no había sido digna de estar en el trono de Egipto. No obstante, parece que su verdadera persecución pudo llegar con el reinado del hijo de Sethnajt, Ramsés III. A pesar de esto, la historia ha querido que Tausert no caiga en el olvido y siga siendo recordada en nuestros días.

En el caso de Tausert, podemos reconocer algunos patrones que se dieron con otras mujeres en su ascenso al poder total del Antiguo Egipto. Primero, se convirtió en regente de un faraón que, por su juventud, no tenía la capacidad de gobernar (al igual que pasó anteriormente con Merytneit). Con la faraona Sobekneferu comparte la falta de un hijo varón que pudiera heredar el trono. Y, al igual que Hatshepsut, no era la madre del faraón niño cuya regencia ostentaba. Además, se convirtió en esposa divina de Amón, un

Alejandro Magno visita el Templo de Apis, en Memphis, donde se coronó como faraón e hijo de Amón tras conquistar Egipto en el año 332 a. C. (Andre Castaigne, *ca.* 1898).

poder sacerdotal que le facilitó su acceso al trono, del mismo modo que previamente hizo Hatshepsut. Parece evidente que Tausert, a pesar de los cientos e incluso miles de años que la separaban del resto de faraonas, las tuvo como referentes para lograr su objetivo en uno de los momentos políticos más complicados del Reino Nuevo de Egipto.

Hay una premisa constante en el ascenso a reinas-faraón de estas mujeres: la inestabilidad gubernamental. Cuando todas ellas llegaron al poder, el país se encontraba en un momento delicado, con un gobierno inestable y en crisis, lo que pudo ser clave para que estas alcanzaran el trono de Egipto. En condiciones normales, por la tradición e ideales egipcios, eran los hombres quienes heredaban el título de faraón, siendo las faraonas una anomalía originada solamente en momentos y circunstancias desfavorables. Esto genera una reflexión muy importante a tener en cuenta: las mujeres que accedieron al poder supremo convirtiéndose en faraonas estaban expuestas a un mayor riesgo de fracaso en comparación con la mayoría de los faraones.

Además, por si fuera poco, las mujeres que ostentaron el título de faraonas también tenían presión por parte de altos funcionarios, como importantes militares o sacerdotes, gente de la nobleza u otros familiares de la realeza, quienes veían en esos momentos de inestabilidad política una oportunidad para hacerse con el poder, tal y como le sucedió a Tausert, a quien le apareció un férreo rival, Sethnajt, un hombre de armas con grandes influencias sobre la clase militar de Pi-Ramsés. Este faraón, tras autoplocamarse como tal, se hizo fuerte en la zona norte de Egipto, alejado de la residencia de la faraona, y su influencia fue aumentando hasta terminar por tomar el control total del país. Se especula que pudo causar una guerra civil en esta lucha de poder, acabando con la vida de la faraona.

En el Papiro Harris I, datado poco después del reinado de Tausert, durante el gobierno de Ramsés III, se dice que en Egipto se vivían años vacíos en los que reinaba la anarquía. Los templos estaban abandonados, y todos los gobernantes eran corruptos y se dedicaban a esclavizar a la población, por lo que tuvo que ser realmente difícil para Tausert gobernar el país ante tantos frentes.

Considerada por muchos como la última faraona egipcia, hubo que esperar más de mil años tras su reinado para que otra gran mujer llegara al trono de Egipto, y además no sería de sangre egipcia, sino griega. Hablamos, cómo no, de la inconfundible Cleopatra, cuya vida es realmente apasionante, repleta de éxitos y fracasos, de alegrías y llantos. Sin duda, la aparición de esta reina marcó un antes y un después en la historia de Egipto y, bajo mi criterio, fue Cleopatra y no Tausert la última gran faraona de Egipto, ya que adaptó su estilo de vida y gobierno acorde a las tradiciones clásicas egipcias. Pero, antes, conozcamos la historia de la posible antecesora de la gran Cleopatra IV, una mujer que también pudo haber llegado a ocupar el trono de Egipto, aunque con ciertas limitaciones y por un muy breve periodo de tiempo. Ella es Berenice III.

BERENICE III

La faraona efímera que dejó huella

La llegada de Alejandro Magno a Egipto pudo ocasionar el fin de la civilización egipcia; sin embargo, desde el primer momento los griegos adoptaron las costumbres y tradiciones ancestrales egipcias. Cuando los griegos tomaron el control, el poder fue heredado por Ptolomeo I, un general que era la mano derecha de Alejandro Magno y con quien se inició la dinastía ptolemaica de Egipto. Este faraón griego es conocido por ser el faraón que creó el Museion y la famosa Biblioteca de Alejandría.

Este período de la historia de Egipto se vivió de manera muy convulsa, con todo tipo de actos atroces, y una de las peores partes se la llevaron las mujeres ptolemaicas, quienes se casaron a menudo con sus hermanos, obteniendo un papel importante en el gobierno, pero sufriendo y protagonizando todo tipo de tropelías en su contra. Además, tuvieron problemas sucesorios, pues los ptolomeos practicaron el incesto de una manera tan exacerbada que superó con creces las prácticas endogámicas de los antiguos faraones egipcios.

La reina Arsinoe II (hija del faraón Ptolomeo I) fue la mujer que sentaría las bases para las demás reinas ptolemaicas. Se casó con su hermano Ptolomeo II, originando una tendencia que perduraría hasta el final del Antiguo Egipto, consistente en que el hijo y la hija primogénitos de los reyes eran quienes heredaban el poder de manera conjunta, unificándolo a través de un matrimonio. Como el peso del poder recaía principalmente sobre el hombre, el rey, se cree que llevar a cabo matrimonios entre hermanos garantizaba que la hermana del rey trabajara a su favor y no en su contra. Además, de este modo, se evitaba que la hermana del rey se casara con algún posible rival que pudiera reclamar el trono de Egipto. Sin duda, era una manera muy útil de evitar conflictos y conspiraciones en la corte del faraón. Sin embargo, como veremos a lo largo de este capítulo, el resultado de esta práctica no fue el esperado, pues los ptolomeos, con sus conjuras y sus peligros, llegaron a realizar todo tipo de atrocidades.

LOCURAS PTOLEMAICAS

Esta época está repleta de curiosidades, de asesinatos y de intrigas constantes. Un ejemplo muy llamativo es el del faraón Ptolomeo IV, quien, a través de sus ministros y personas de confianza, acabó con la vida de su madre, Berenice II; de su hermano Magas, y de su tío Lisímaco. Incluso hay quien cree que también envenenó a su padre, Ptolomeo III. Y todo esto con el único fin de conseguir el ansiado poder, asegurándose que nadie le pudiera hacer sombra.

Cuando Ptolomeo IV falleció, subió al trono el hijo que había tenido con Arsinoe III, llamado Ptolomeo V. Como el nuevo rey era un niño de cuatro o cinco años, la sanguinaria historia continuó con un personaje de la corte llamado Agatocles, que quería usurpar el trono y arrebatar el puesto que ocupaba Arsinoe III como regente. Para ello, contando con la ayuda de otros miembros de la corte, acabó con la vida de la reina. Esto fue muy criticado por el pueblo de Alejandría, que se mostró muy pasional durante la época ptolemaica, por lo que los habitantes de Alejandría salieron en defensa de Arsinoe y tomaron la justicia por su mano, acabando con la vida de Agatocles y toda su familia de manera espeluznante. Así nos lo cuenta Polibio (15,33):

> Todos ellos fueron entregados juntos a la turba y algunos comenzaron a morderlos, otros a acuchillarlos, otros a sacarles los ojos. Tan pronto como uno de ellos caía, el cuerpo era despedazado miembro a miembro, hasta que todos estuvieron mutilados, pues el salvajismo de los egipcios es realmente atroz cuando se encienden las pasiones.

Como puedes entrever, el Egipto ptolemaico está repleto de intrigas, conspiraciones palaciegas y sucesos horribles. De hecho, si la historia de Ptolomeo IV y su corte te ha sorprendido, existe otro rey aún más sanguinario. Me refiero a Ptolomeo VIII, quien se puso el sobrenombre de Evergetes II, que significa «bienhechor». Sin embargo, el pueblo también se tomó esta licencia para con el rey y lo renombró como Fyscon, que quiere decir «barrigón», debido a su obesidad, y como Kakergete, que significa «malvado», debido a las atrocidades y locuras que realizó.

De Ptolomeo VIII sabemos que compartió el trono con su hermano Ptolomeo VI y la hermana y esposa de este último, Cleopatra II. Cuando Ptolomeo VI murió, Ptolomeo VIII se casó a la fuerza con la viuda de su hermano, que también era su hermana, a pesar de que esta quería que gobernara su hijo Ptolomeo VII. Para evitar la competencia en el poder, no tuvo reparo en asesinar a su sobrino e hijastro Ptolomeo VII. Pero esto no es nada, ya que lo peor aconteció cuando decidió casarse con Cleopatra III, que era su sobrina y la hija de su esposa Cleopatra II. Esta situación era tan descabellada que fue duramente criticada por Cleopatra II y el pueblo de Alejandría, quienes, al igual que con Ptolomeo IV, se rebelaron contra el rey. Por ello, Ptolomeo VIII tuvo que huir a Chipre.

En ese momento, Cleopatra II aprovechó la ocasión y le otorgó el puesto de faraón a su hijo, quien también era hijo de Ptolomeo VIII. Tras un tiempo, el rey huido volvió a Egipto con un grupo de soldados y, tras lograr capturar a su propio hijo, lo asesinó. Esto provocó el estallido de una guerra civil entre los partidarios de Ptolomeo VIII y los de Cleopatra II, donde las muertes continuaron sucediéndose de un modo absolutamente sanguinario.

EL PUEBLO CLAMA VENGANZA

Las clases más poderosas de este periodo eran muy reacias a que una mujer en solitario gobernara Egipto, por lo que, cuando un faraón fallecía, la reina se veía obligada a casarse con quien estuviera en la línea sucesoria. Esto es algo que le pasó a Berenice III, a quien se le instó a desposarse con su primo e hijastro Ptolomeo XI, de diecinueve años.

Berenice III nació en el año 116 a. C. y era hija de Ptolomeo IX y Cleopatra Selene I. Se convirtió en reina al gobernar como gran esposa real de Ptolomeo X, con quien se casó en torno al año 101 a. C., pero su gran poder vino a la muerte de su esposo, en el año 81 a. C., pues se dice que Berenice III fue la primera mujer en reinar sobre Egipto en solitario como faraona desde hacía más de mil años (De la Béd Oyère, 2024, p. 248)., cuando lo hizo Tausert, de quien hablamos anteriormente. Sin embargo, este periodo es tremendamente escaso (solamente gobernó durante cuatro meses de manera independiente) y no contaba con una autonomía real, como sí la obtuvieron las faraonas de la Antigüedad. Eso sí, en ese corto periodo la reina se ganó el favor y el afecto de todo el pueblo, quien finalmente acabaría respondiendo por su honor y vengando su muerte.

Tan solo unos meses después del fallecimiento de Ptolomeo X, Berenice III fue obligada a casarse con su primo e hijastro Ptolomeo XI. Este imperativo vino por parte de Roma, concretamente del dictador Sila, quien quería una mayor estabilidad en el país, pues Egipto se encontraba subordinado en muchos aspectos a Roma, ya que le había prestado grandes cantidades de dinero para que pudiera financiar sus guerras internas.

Una curiosidad muy llamativa en este sentido es que, probablemente, el sarcófago de oro macizo en el que fue enterrado Alejandro Magno se fundió en el año 89 a. C. para hacer monedas con él y así pagar la deuda a los soldados. Tras esto, se dice que al conquistador se le construyó un sarcófago de cristal de roca de una belleza espectacular.

Lo cierto es que, poco después de que Berenice III celebrara su boda con el nuevo rey Ptolomeo XI, este decidió acabar con la vida de la reina, aunque no podía ni imaginar la reacción y las consecuencias que iba a tener aquel deleznable acto.

Como habíamos adelantado, el pueblo de Alejandría tenía un gran cariño hacia la reina, por lo que, al conocer la noticia de su injustificado asesinato, entró en cólera. La gente enfurecida fue a reclamar venganza, una vez más. De este modo, lincharon a Ptolomeo XI arrebatándole la vida salvajemente.

Grabado de una reina egipcia, posiblemente Berenice III. (*L'Égypte antique illustrée de Champollion et Rosellini*, figura n.º 81, 1933; Biblioteca Pública de Nueva York).

Pero no siempre eran los reyes ptolemaicos los protagonistas de las conjuras y asesinatos en la realeza. También encontramos mujeres despiadadas, como Berenice IV, medio hermana de Cleopatra VII —quien, como veremos en el próximo capítulo, llegó a gobernar Egipto en solitario—. Para ello, expulsó de Egipto a su padre, Ptolomeo XII. Tras esto, Roma trató de intermediar en el conflicto entre Berenice IV y su padre, por lo que obligaron a la reina a casarse con un hombre llamado Seleuco Cibiosactes. En cambio, ella, por su parte, al no estar de acuerdo con este casamiento, mandó estrangular a su nuevo esposo, quedando nuevamente sola en el poder tras una semana de matrimonio, por lo que también podemos considerar a Berenice IV como reina-faraón. Más tarde, se le volvió a obligar a contraer matrimonio, aunque no pasó mucho tiempo hasta que su padre, Ptolomeo XII, regresó a Egipto con un ejército romano que lo apoyaba y la reina perdió el conflicto, costándole la vida.

Sería poco tiempo después, tras la muerte de Ptolomeo XII, cuando comenzó el gobierno de la última faraona de Egipto, la célebre Cleopatra, quien también tuvo que librar una dura batalla familiar para conseguir el poder absoluto.

CLEOPATRA VII

La encantadora de serpientes

Considerada por muchos como la primera *influencer* de cuantas se han conocido, Cleopatra VII se convirtió en una figura clave tanto en la historia de Egipto como en la historia universal. Tanto es así que, en la actualidad, su imagen y su nombre los podemos encontrar de manera habitual en películas, libros, máquinas tragamonedas, juegos de mesa, perfumes y un larguísimo etcétera. Incluso se le ha dado su nombre a un asteroide perteneciente al disco circunestelar del sistema solar. Pero ¿qué fue lo que hizo esta reina para que, a día de hoy, sea tan recordada y admirada?

Para poder responder a esta cuestión, debemos primero remontarnos a su nacimiento. Cleopatra, hija del rey Ptolomeo XII Auletes, faraón de Egipto, nació en el año 69 a. C. y, desde entonces, fue criada en los aposentos de las mujeres de la realeza, donde recibió la educación necesaria para convertirse en una auténtica erudita, de la mano de grandes maestros como Filóstrato, quien le enseñó oratoria y filosofía griega.

Los ptolomeos tenían una gran tradición en la búsqueda del conocimiento. Claro ejemplo de ello es la creación de la Biblioteca de Alejandría, un lugar espectacular en el que se recogía todo el conocimiento de la Antigüedad. De hecho, los ptolomeos mandaron copiar todos los textos que llegaban a la ciudad de Alejandría y almacenarlos en la famosa biblioteca. Hay quienes sostienen que, cada vez que un barco llegaba al puerto de Alejandría, estaba obligado a prestar momentáneamente los libros o documentos de valor para ser copiados y archivados. De ser esto cierto, el gran saber reunido en aquella biblioteca sería algo nunca visto en la historia, ya que Alejandría contaba con uno de los principales puertos de la Antigüedad.

Cleopatra no iba a ser menos y, además de continuar con esta legendaria tradición, contribuyó a la ampliación de la biblioteca, pues se sabe que era muy inteligente y una incansable buscadora de conocimiento. Estudió aritmética, geometría, medicina y astronomía. Aprendió a dibujar, a tocar la lira y a cantar. También era toda una experta en cosméticos para el cuidado de la piel; de hecho, se dice que se bañaba en leche de burra para prevenir el envejecimiento precoz de la piel. Esta era una práctica seguida por muchas mujeres romanas adineradas, quienes lo hacían para suavizar las arrugas, pues la emulsión grasa de proteína de leche mejora la textura de los cutis secos y el ácido láctico que contiene la leche alisa las arrugas (Fletcher, 2009, p. 187). Lo cierto es que las mujeres alejandrinas, de donde procedía la familia de Cleopatra, eran famosas por usar una gran variedad de maquillajes, perfumes, ungüentos y aceites de todo tipo.

Y por si todo lo anterior fuera poco, la gran habilidad de Cleopatra eran los idiomas. Y es que fue la única gobernante ptolemaica que aprendió el egipcio antiguo; en otras palabras, sabía leer el lenguaje jeroglífico. También hablaba múltiples idiomas extranjeros; por ello se dice que no precisaba de traductores en sus viajes o para las negociaciones con otros pueblos.

Un concierto en casa de Cleopatra
(F. R. R. Brendámour, 1890; *L'Illustration Européenne*, MET).

LOS ECLIPSES DE CLEOPATRA

Su padre, Ptolomeo XII, conocido como Auletes, falleció en Alejandría cuando contaba con más de cincuenta años. Curiosamente, un eclipse solar parcial ocurrido el 7 de marzo del año 51 a. C. marcó dramáticamente su fallecimiento (Fletcher, 2009, p. 85). Para muchos, este eclipse fue una señal, pues estos acontecimientos astronómicos eran vistos como mensajes divinos.

Esto podría haber sido una creencia que hubiera pasado por alto si no hubiera tenido el privilegio de vivir uno de los «eclipses de Cleopatra», tal y como he decidido denominarlos. Justamente escribiendo estas líneas, viene a mi memoria la conversación que tuve a través de videollamada con Kathleen Martínez, la arqueóloga dominicana que busca la tumba de Cleopatra en el yacimiento arqueológico de Taposiris Magna (cerca de Alejandría), donde ha encontrado todo tipo de piezas contemporáneas a la reina (de las cuales hablaremos más adelante en este mismo capítulo). Durante nuestra charla, en un momento determinado, comenzó un murmullo que, lejos de cesar, iba en aumento entre los trabajadores que formaban su equipo de excavación. Y entonces escuché cómo llamaban emocionados a la arqueóloga. Yo, sorprendido, desconocía totalmente lo que estaba ocurriendo aquel 25 de octubre de 2022 a las 13:00 horas. Le acercaron a Kathleen unas gafas específicas para poder observar el sol. Se las puso rápidamente y su cara, maravillada, lo decía todo: ¡se estaba produciendo un eclipse solar parcial exactamente igual al que ocurrió hace miles de años en Egipto! Se trataba de un eclipse idéntico al que marcó la muerte de Ptolomeo XII y, por tanto, el ascenso al poder de la reina Cleopatra VII.

Tan solo unos minutos previos, habíamos estado comentando la posibilidad de encontrar a Cleopatra en aquel lugar. Para mí, fue una experiencia increíble que me ha hecho considerar la idea de que ese fenómeno estaba indicando que la tumba real se ubica en Taposiris Magna. Pero esta reflexión no fue solo mía. Kathleen Martínez me dijo: «Es un momento muy especial... Tiene que significar algo». Obviamente, mi parte racional me dice que todo se debe a una de esas casualidades casi imposibles que pueden suceder. Sin embargo, ahora más que nunca entiendo perfectamente a las culturas antiguas, y especialmente a los egipcios, quienes podían ver en los eclipses señales divinas.

Durante el reinado de Cleopatra se construyó gran parte del famoso Templo de Dendera, uno de los mejores conservados en todo Egipto. Allí podemos ver, en los muros exteriores de la parte trasera del templo, la impresionante representación de Cleopatra VII junto a su hijo Cesarión; aunque lo más interesante está en su interior.

Para empezar, una de las curiosidades que alberga este santuario (y que mucha gente desconoce) es que en él aparece representado un eclipse. En la primera sala, donde están las famosas columnas con aspecto hathórico, encontramos un disco en cuyo interior hay un hombre sujetando a un cerdo de las patas traseras. El cerdo se relacionaba con la diosa del cielo Nut, y en esta escena aparece en el centro del eclipse con la finalidad de provocar que este fenómeno terminara lo antes posible.

Pintura jeroglífica en las paredes interiores de un antiguo templo de Dendera, donde aparece la mencionada imagen del hombre sujetando un cerdo, en representación de Nut, en el centro de un eclipse.

Sin duda, tanto para los egipcios como para otras culturas antiguas, los eclipses estaban asociados a desgracias. De hecho, existe un papiro que data precisamente del siglo I a. C. en el que se relaciona la muerte de un faraón con un eclipse, al igual que pudo pasar con el padre de Cleopatra VII. Es el papiro demótico Berlín 13588, donde un sacerdote conocido como Amasis afirma que escuchó en la ciudad egipcia de Tjeben (la Daphne griega) lo siguiente: «El cielo se tragó el disco solar cuando él fue llevado a la sala de embalsamamiento, en el que el cuerpo del rey Psamético debía ser preparado para el enterramiento» (Llull, 2007).

El Psamético al que se refiere el texto es Psamético I, el primer faraón de la Dinastía XXVI, y el eclipse referido es el eclipse parcial de sol ocurrido el 30 de septiembre del año 610 a. C. Al conocer esta fecha, se puede suponer que la muerte del faraón Psamético I debió de producirse entre finales del mes de julio y finales de septiembre de aquel año, dado que, como dice el texto, cuando tuvo lugar el eclipse, el cadáver del faraón se hallaba aún en la sala de embalsamamiento, donde podía pasar más de dos meses.

Otra curiosidad en este sentido es que el eclipse solar más antiguo en la historia que quedó registrado en el pasado tuvo lugar precisamente en el Antiguo Egipto. Un equipo de científicos de la Universidad de Cambridge publicó un artículo en octubre de 2017 en la revista científica *Astronomy & Geophysics*, en el cual, combinando un texto bíblico con un texto egipcio, pudieron determinar el momento exacto en el que se dejó constatado por primera vez un eclipse (Humphreys y Waddington, 2017). El texto bíblico estudiado es del Antiguo Testamento, correspondiente a Josué, quien, tras conducir al pueblo de Israel hasta Canaán (actual Israel y Palestina), dice lo siguiente: «Sol, detente en Gabaón, y Luna, en el Valle de Ajalón. Y el Sol se detuvo, y la Luna se detuvo, hasta que la nación se vengara de sus enemigos».

Para los científicos, que el sol y la luna se detuvieran es sinónimo de un eclipse solar. Al mismo tiempo, en el Museo Egipcio de El Cairo hay una estela perteneciente al faraón

Merneptah, hijo de Ramsés II, en la que se menciona una campaña en Canaán donde el faraón venció al pueblo de Israel. Así, los investigadores, teniendo en cuenta la rotación de la Tierra a lo largo de la historia, hicieron cálculos precisos y determinaron que fue la tarde del 30 de octubre de 1207 a. C. cuando tuvo lugar un eclipse solar que se podía observar desde Canaán.

En conclusión, los egipcios vinculaban los eclipses a importantes sucesos, principalmente dramáticos. En el caso del eclipse del 51 a. C., no solo falleció el faraón Ptolomeo XII, sino que supuso el comienzo del fin de la historia del Antiguo Egipto, pues Cleopatra VII sería tristemente su última gran faraona.

EL PODER DE LA SEDUCCIÓN

Cuando Ptolomeo XII murió, dejó como coherederos a Cleopatra VII, de dieciocho años, y a su hermano Ptolomeo XIII, de diez años. Siguiendo las leyes ptolemaicas, Cleopatra tuvo que casarse con su propio hermano para gobernar conjuntamente, pero poco tiempo después comenzó una gran guerra entre ellos. Su hermano, que acababa de entrar en la adolescencia temprana y prácticamente era un niño, estaba dirigido principalmente por el eunuco Potino, quien conspiró contra Cleopatra, declarándole la guerra y provocando que la reina tuviera que huir de Egipto.

Los ptolomeos tenían eunucos en su corte. Estos eran hombres castrados para que su única función en la vida consistiera en velar por el bien de los monarcas y de Egipto. La práctica de la castración la encontramos por primera vez en la ciudad-Estado sumeria de Lagash, en el II milenio a. C., y su finalidad era conseguir hombres sin mujer e hijos a su cargo, y así poder dedicarse al 100 % a las labores políticas, evitando así cualquier tipo de distracciones y tentaciones.

Cleopatra, que se consideraba legítima faraona de Egipto, no se rindió y consiguió un ejército para enfrentar al de su hermano. Justo en ese momento, apareció en escena Julio César, quien llegó a Egipto buscando a su mayor enemigo, Pompeyo.

Julio César, que dominaba la política de Roma, entabló algo más que una simple amistad con Cleopatra: se convirtió en su amante. Después de poner algo de orden en Egipto y ejecutar a Potino, Julio César consiguió que la reina volviera a gobernar junto a su hermano en el trono de Egipto, pero los problemas no tardaron mucho en sucederse. Estalló una guerra civil entre Cleopatra y los partidarios de su hermano Ptolomeo, quienes veían la relación de Cleopatra y Julio César como una forma de invasión romana de Egipto.

Julio César pidió refuerzos y con ellos llevó a cabo un ataque al ejército de Ptolomeo XIII, cuyos soldados salieron huyendo hacia sus embarcaciones en el Nilo. El barco en el que estaba Ptolomeo se hundió debido a la cantidad de soldados que querían abordarlo para huir, provocando que el joven faraón muriera ahogado. Esta es conocida como la batalla del Nilo y fue clave para el futuro de Cleopatra en el poder. En este conflicto, Julio César quemó una gran cantidad de embarcaciones del ejército de Ptolomeo XIII, provocando que el fuego se extendiera y afectara a la famosa Biblioteca de Alejandría, siendo esta una de las veces que ardió, aunque la biblioteca siguió funcionando tras este incidente.

Después de la victoria sobre su hermano Ptolomeo, Cleopatra pudo gobernar Egipto con tranquilidad, pues su estrategia se había ejecutado a la perfección. Además, su relación amorosa con Julio César prosperaba y, de ella, nació un hijo de ambos, Cesarión, por lo que la reina tenía la seguridad de que no iba a ser invadida por Roma. Sin embargo, el cruel destino le jugó una mala pasada: Julio César murió asesinado tras una conspiración en el año 44 a. C. Por lo tanto, el miedo a que Roma atacara Egipto volvió a la mente de Cleopatra.

No obstante, se le presentó una oportunidad que supo aprovechar muy bien. En el año 41 a. C. conoció a Marco

Antonio, cónsul y uno de los hombres más fuertes de Roma. Desde ese mismo momento, ambos protagonizaron una de las historias románticas más famosas de todos los tiempos. Lo cierto es que, dados sus lances amorosos, Cleopatra adquirió fama de *femme fatale*, una mujer atractiva, manipuladora y perspicaz, capaz de conquistar el corazón de cualquier hombre para su propio beneficio. Pero ¿qué hay de verdad en todo esto? Veamos lo que se esconde más allá del mito.

César entrega a Cleopatra el trono de Egipto
(Pietro da Cortona, *ca.* 1637, Museo de Bellas Artes de Lyon).

En las últimas décadas, tanto en películas como en cuadros o libros, a la reina se la ha representado como una mujer de una belleza excepcional. Sin embargo, parece que esto no es nada nuevo, ya que, en la Antigüedad, el historiador romano Dión Casio se refería a Cleopatra como «una mujer de una belleza sorprendente». De hecho, añade que Marco Antonio, «al ver a Cleopatra, quedó prendado de ella, y ya no le importó nada su reputación, sino que era esclavo de la egipcia y dedicaba todo el tiempo a su amor con ella». Aunque parece ser que esta narrativa fue impulsada por Cayo Octavio (también conocido como Octaviano), sobrino-nieto de Julio César, para justificar de este modo que Marco Antonio se había dejado manipular por la belleza de Cleopatra.

Por el contrario, tenemos a Plutarco (historiador griego), que nos dice que Cleopatra no poseía una belleza «tal que asombrara a cuantos la veían», sino que su auténtico don consistía en su labia:

> [...] la interacción con ella era arrobadora y su apariencia, junto con su habilidad para persuadir en un coloquio y el temperamento con que acompañaba cada intercambio, resultaba muy estimulante. También daba placer con el tono de su voz, pues su lengua era como un instrumento de varias cuerdas.

Los textos antiguos podrían estar influenciados por rumores o intereses que nada tenían que ver con la realidad. Así que ¿cómo son los restos arqueológicos en los que la reina aparece representada? Las monedas que se han encontrado de ella nos indican que no se adaptaba al canon de belleza actual. En las monedas, podemos verla con una nariz aguileña, una barbilla muy prominente y, en ocasiones, con papada. A pesar de ello, sea como fuere, logró conquistar el corazón de dos grandes romanos: Julio César, con quien tuvo un hijo, y Marco Antonio, con el que estuvo más de una década y concibió tres hijos.

A menudo se discute acerca de si estas relaciones fueron producto de la atracción y la sensualidad, o si, por el contrario, no era más que un paso necesario para llevar a cabo un plan estratégico, puesto que Cleopatra estuvo con los dos hombres más poderosos de Roma y, posiblemente, del momento. ¿Sería esto una casualidad?

La faraona sabía que, si tenía a Roma de aliado, no habría nada que temer y Egipto se mantendría seguro. En ocasiones, se ha dicho que la aspiración de Cleopatra podía haber sido gobernar desde Roma al lado de César y conseguir poseer el imperio más grande jamás visto. De hecho, Cleopatra vivió en Roma un tiempo hasta que Julio César fue asesinado, por lo que volvió a Egipto. Claro que no estaba dispuesta a dejar marchar sus sueños tan fácilmente.

UNA HISTORIA DE AMOR Y PODER

Aun siendo ilegítimo, la reina tenía la esperanza de que su hijo Cesarión recibiera la herencia política de su padre, pero con el asesinato de César su plan se truncó, sobre todo tras el resurgimiento de Octavio, sobrino nieto de Julio César, el cual reclamaba la herencia que le pertenecía por derecho como hijo adoptivo de César, y que acabó compartiendo con Marco Antonio y Marco Emilio Lépido, quien había sido un gran aliado de César.

En el reparto de territorios, Marco Antonio recibió el control de las provincias orientales, lo que le permitió entrar en relación con Cleopatra, a quien conoció en un viaje a Alejandría, quedando perdidamente enamorado de ella y convirtiéndola en su amante.

A pesar de la distancia, Marco Antonio y Cleopatra mantuvieron su idilio durante años, y de su unión nacieron tres hijos. Sin embargo, su romance se enfrentó a grandes desafíos, sobre todo tras el matrimonio concertado de Marco

Antonio con Octavia, hermana de Octavio, a quien nunca amó, pues su corazón pertenecía a la faraona. De manera que, tres años más tarde, este decidió huir a Alejandría para reencontrarse con su amada, abandonando definitivamente a su esposa y a sus hijos en común.

De este modo, tras varios años de triunvirato, en mitad de un escenario político muy inestable, Octavio, ultrajado por la afrenta a su hermana, con el apoyo del Senado romano y demás influencias políticas, se levantó contra los otros ocupantes del trono con el fin de acaparar el poder absoluto. Así fue como se sucedieron las memorables batallas civiles que conformaron finalmente el Imperio romano, cuya confrontación decisiva tuvo lugar en las costas de Accio en el año 31 a. C., contra la flota liderada por Marco Antonio y su aliada Cleopatra, a quienes las tropas navales de Octavio —el futuro emperador Cayo Julio César Augusto— lograron arrinconar en la ciudad de Alejandría, donde no tendrían escapatoria.

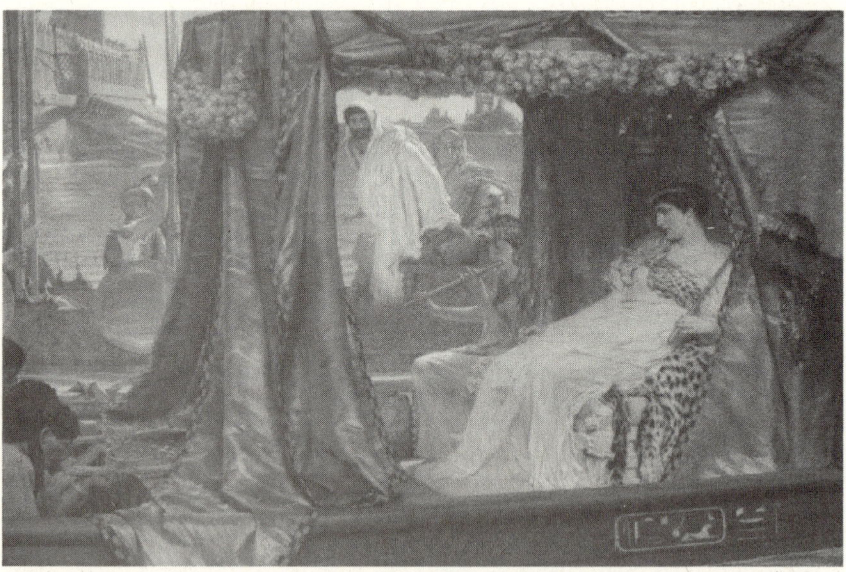

El encuentro de Antonio y Cleopatra. Pintura que representa el momento en el que Marco Antonio conoce a Cleopatra y se enamora de ella (Lawrence Alma-Tadema, 1885; MET).

Ante esa horrible situación, parece ser que la reina decidió suicidarse antes de que fuera llevada a Roma, donde iba a ser expuesta ante el pueblo para que la torturaran y acabaran con su vida de una manera cruel. Pero ¿cómo lo hizo?

CUANDO LA MUERTE LLEGA REPTANDO

La muerte de Cleopatra es uno de esos temas que han hecho correr ríos de tinta. Muchísimo se ha hablado sobre cuál pudo ser la manera en la que Cleopatra falleció.

Todo parece indicar que Cleopatra eligió el suicidio antes que entregar su vida a los romanos, y es que la faraona tenía un precedente muy cercano tanto en el tiempo como a nivel familiar que la mantuvo alerta: su tío Ptolomeo de Chipre, quien decidió quitarse la vida cuando Roma conquistó su reino en el año 58 a. C. También tenía muy presente el recuerdo de su media hermana Arsinoe, a quien se le obligó a pasear por las calles de Roma encadenada tras ser vencida y apresada por Julio César.

Por ello, con el fin de evitar dicho destino, y dado que la situación se iba complicando cada vez más, decidió investigar con antelación cuál sería la mejor forma para acabar con su vida en el futuro. Así, tal y como nos cuentan historiadores antiguos de la talla de Plutarco, Cleopatra dedicó tiempo a estudiar en profundidad sobre toxicología, y coleccionó y probó todas las variedades de veneno que tenía al alcance, tratando de buscar la más efectiva y menos dolorosa, para cuando llegara el momento en que tuviera que inmolarse súbitamente.

Lo que hizo fue verdaderamente increíble. Se dedicó a comprobar los efectos de los venenos en los presos condenados a muerte e, incluso, en los animales más venenosos. Así nos lo narra Plutarco:

> Cleopatra juntó diferentes suertes de venenos mortales; y para probar el grado de dolor con que cada uno ocasionaba la muerte los hizo propinar a los presos de causas capitales; más habiendo visto que los que eran de efecto rápido causaban la muerte acompañada de dolores, y que los más benignos obraban con lentitud, quiso hacer experiencia de los animales ponzoñosos, viendo ella por sí misma cuando se picaban unos a otros; lo que ejecutaba todos los días. Encontró pues que entre todos solo la picadura del áspid producía sin convulsiones ni sollozos un sopor dulce y una especie de desmayo, en virtud del que con un blando sudor del rostro y amortiguamiento de los sentidos perdían poco a poco la vida los que habían sido picados, sin que fuera fácil despertarlos y hacerles volver en sí, a manera de los que tienen un sueño profundo. [Plutarco, trad. Ranz, 1847, p. 483].

En estos experimentos, Cleopatra llegó a una conclusión clara: la picadura del áspid (una víbora muy venenosa) era el mejor método para acabar con su vida. Y parece ser que no fue la única que pensaba de esta manera en la Antigüedad. Se dice que el primer bibliotecario de Alejandría, Demetrio de Falero, decidió morir por la picadura de un áspid. Además, esta era un modo habitual de ejecución en Alejandría. Tanto es así que existen registros donde el médico griego Galeno consideró esta forma de muerte como un método «humano» de ejecución (Fletcher, 2009, p. 301).

Por ello, Cleopatra, mujer aplicada que se había nutrido tanto del saber de Alejandría, creó un zoológico real en el cual contaba con estas cobras egipcias. Estos animales, además, tenían un profundo simbolismo para los faraones, ya que durante miles de años fueron adorados como un símbolo de la realeza. Por ejemplo, lo podemos encontrar en la máscara de Tutankamón y sobre la corona del famoso busto de Nefertiti. Además, este reptil representaba a la diosa Uadyet, la deidad protectora de los faraones y del Bajo Egipto.

Pero ¿cómo consiguió el veneno tras ser raptada por el ejército de Octavio? Con ayuda, consiguió introducir un áspid en el lugar donde estaba presa. Podría detallar paso a paso lo que sucedió, pero creo que lo mejor será leerlo directamente en palabras del historiador Plutarco:

> Se bañó, y haciéndose dar un gran banquete, estando en él, vino del campo uno trayendo una cestita; y preguntándole los de la guardia qué traía, abrió la cesta, quitó las hojas, e hizo ver que lo que contenía era higos. Como se maravillasen de lo grandes y hermosos que eran, echándose a reír les dijo que tomasen; con lo que le creyeron y le mandaron que entrase. Después del banquete, teniendo Cleopatra escrita y sellada una esquela, la mandó a César [Octavio: Cayo Julio César Augusto], y dando orden de que todos se retiraran, a excepción de las dos mujeres, cerró las puertas. Abrió César el billete, y viendo que lo que contenía era quejas y ruegos para que se le diese sepultura con Antonio, al punto comprendió

Cleopatra y el áspid (Michel Corneille, 1650-1660; Museo de Arte de Portland). Pintura que representa el momento en que el ayudante de Cleopatra le entrega a esta la cesta de higos donde se esconde el áspid que le dará muerte.

lo que estaba sucediendo; y aunque desde luego quiso marchar él mismo a darle socorro, se contentó por entonces con enviar a toda priesa [*sic*] quien se informara; pero el daño había sido muy pronto, pues por más que corrieron se hallaron con que los de la guardia nada habían sentido; y abriendo las puertas, vieron ya a Cleopatra muerta en un lecho de oro, regiamente adornada. De las dos criadas la que se llamaba Eira estaba muerta a sus pies, y Carmion, ya vacilante y torpe, le estaba poniendo bien la diadema que tenía en la cabeza. Díjole uno con enfado: Bellamente Carmion; y ella respondió: Bellísimamente, y como convenía a la que era de tantos Reyes descendiente; y sin hablar más palabra cayó también muerta junto al lecho.

Dícese que el áspid fue introducido con aquellos higos y tapado por encima con las hojas; porque así lo había mandado Cleopatra, para que sin que ella lo pensase la picase aquel reptil; pero que cuando le vio, habiendo tomado algunos higos, dijo: ¡Hola aquí estaba esto! y alargó el brazo desnudo a su picadura. Otros sostienen que el áspid había estado guardado en una vasija, e irritado y enfurecido por Cleopatra con un alfiler de oro, se le había agarrado al brazo; pero nadie sabe la verdad de lo que pasó. Porque se dijo también que había llevado consigo veneno en una navaja hueca, y la navaja escondida entre el cabello. Mas ello es que no se notó mancha ni cardenal ninguno en su cuerpo ni otra señal de veneno; pero tampoco se vio aquel reptil dentro, y sólo se dijo que se habían visto algunos vestigios de él a la orilla del mar, por la parte del edificio que mira a este, y hacia donde tiene ventanas. Algunos dijeron asimismo que en el brazo de Cleopatra se había notado dos punturas sumamente pequeñas y sutiles; a lo que parece dio crédito César: porque en el triunfo llevó la estatua de Cleopatra con el áspid agarrado al brazo. Así es como se dice haber pasado este suceso. César, aunque muy disgustado con la muerte de Cleopatra, no pudo menos de admirar su grandeza de alma, y mandó que su cuerpo fuera enterrado magnífica y ostentosamente con el de Antonio. Hízose también un honroso entierro a las esclavas por disposición del mismo César. Murió Cleopatra a los treinta y nueve años de edad; de los cuales había reinado veintidós, y había imperado al lado de Antonio más de catorce. De Antonio dicen unos que vivió cincuenta y seis años, y otros que cincuenta y tres. Las estatuas de Antonio fueron derribadas; pero las de Cleopatra se conservaron en su lugar, por haber dado Arquibio, su amigo, mil talentos a César, a fin de que no tuvieran igual suerte que las de Antonio. [Plutarco, trad. Ranz, 1847, pp. 492-193].

A pesar de provenir de una familia griega, Cleopatra se sentía realmente egipcia y heredera de las tradiciones más ancestrales. Por ello, es casi seguro que la faraona quisiera seguir la práctica nativa de la momificación, pues sabía que era un paso fundamental para su resurrección y vida eterna en el más allá. Además, se han hallado momias de altos funcionarios durante su reinado que están embalsamados de manera eficaz y con gran calidad, siguiendo la forma de momificación egipcia con los amuletos tradicionales.

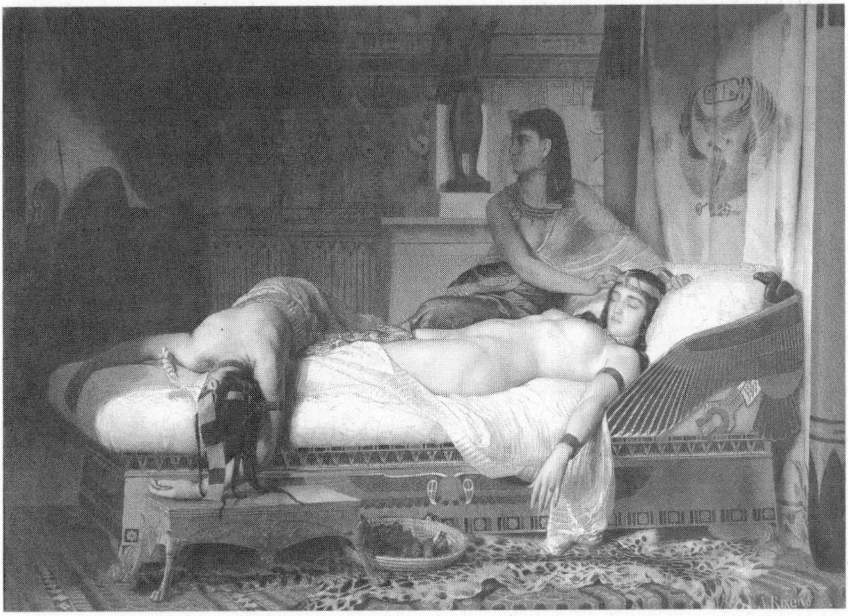

La muerte de Cleopatra (Lawrence Alma-Tadema, 1874; MET).

Una vez la faraona hubiera fallecido y su cuerpo hubiese sido embalsamado, se debía de encontrar un lugar digno para ser enterrada. Las fuentes antiguas no dan una ubicación exacta de dónde se enterró a Cleopatra. Simplemente se dice que ella construyó su tumba unida al Templo de Isis, pues la reina tenía un gran vínculo con esta divinidad. De hecho, llegó a llamarse a sí misma como la Nueva Isis.

Lo cierto es que no se sabe dónde puede estar su tumba. El Templo de Isis podría estar en cualquier lugar de Alejandría o, incluso, fuera de la ciudad. La arqueóloga Kathleen Martínez, con la que me ocurrió esa curiosa anécdota con la que arrancaba este capítulo, trabaja en Taposiris Magna, donde hay precisamente un templo dedicado a Isis, y en el que ha hallado enterramientos de funcionarios de la corte de Cleopatra. También ha recuperado monedas y estatuas con el rostro de la reina en este lugar. La arqueóloga está convencida de que Cleopatra está enterrada allí mismo y que, tarde o temprano, la encontrará.

Sus últimos descubrimientos han revelado la existencia de galerías subterráneas repletas de tumbas, así como un túnel de cientos de metros de longitud que llega hasta las profundidades del mar Mediterráneo. En el momento de la escritura de este libro, han iniciado las labores de arqueología subacuática con ayuda de colaboradores de la talla de Robert Ballard, el oceanógrafo que encontró el Titanic.

Y es que otra hipótesis sobre dónde podría estar ubicada la tumba es la de que estuviera bajo el agua. El propio Zahi Hawass, quien cree que la faraona está enterrada en Alejandría junto a su palacio, también ha autorizado a arqueólogos marinos para buscarla bajo las aguas del Mediterráneo en la antigua ciudad de Alejandría. Recordemos que algunas zonas de las costas de Egipto quedaron totalmente sumergidas debido a un curioso fenómeno llamado «licuefacción», por el cual Alejandría se vio duramente afectada debido al peso de sus construcciones, provocando que la tierra se desprendiera y se hundiera bajo el mar. Ahora, un equipo de científicos franceses y egipcios está tratando de localizar el lugar de descanso eterno de Cleopatra en Alejandría. Por el momento, no han dado con la momia de la faraona, pero sí han descubierto importantes estatuas y todo tipo de restos arqueológicos de su época.

Con la muerte de Cleopatra, llegó el fin del Antiguo Egipto tal y como lo conocemos. Egipto pasó a ser una provincia de Roma y perdió su autonomía. Aun así, los gobernadores locales y los habitantes siguieron con sus costumbres y tradiciones durante décadas e incluso siglos, aunque Egipto, el país de los faraones, no volvería a ser el mismo.

Taposiris Magna. Arriba, las ruinas del Templo de Osiris. A la derecha, la torre de Abusir, réplica del Faro de Alejandría. (Fotografías de Einsamer Schütze, Wikimedia Commons, CC BY-SA 3.0).

Otras reinas que hicieron historia

HETEPHERES

Los tesoros de una reina

¿Estaban las pirámides del Antiguo Egipto repletas de grandes tesoros como sucedía con las tumbas del Valle de los Reyes? Esta es una de esas preguntas que rondan la cabeza de todo aquel que se acerca a estas grandes moles de piedra. Resulta curioso que las pirámides, por norma general, se hayan encontrado prácticamente vacías, incluso sin ni siquiera las momias que un día debieron habitarlas. Sin embargo, hay una pirámide en concreto que puede darnos la respuesta a esta interesante pregunta.

Todo el mundo conoce la Gran Pirámide de Keops, la única de las siete maravillas del mundo antiguo que aún se mantiene en pie. Pero, curiosamente, son pocos los que saben que dentro del complejo funerario del faraón Keops encontramos otra misteriosa pirámide en cuyo interior se halló algo que dejó boquiabiertos a los arqueólogos.

Hablamos de la pirámide de la reina Hetepheres, una mujer perteneciente a la IV Dinastía que vivió en torno al año 2600 a. C., y cuya historia ha quedado ensombrecida por las grandes figuras de su esposo, el faraón Snefru, y su hijo Keops. Al primero, se le considera el creador de tres impresionantes pirámides: la de Meidum, la Acodada y la Roja, mientras que Keops llevó a cabo la pirámide más grande de todas las que han existido en Egipto, por lo que ambos son protagonistas de infinidad de libros, relegando a un segundo plano a su esposa y madre. Esto es algo que resulta sorprendente, pues la pirámide de Hetepheres, a pesar de ser de un tamaño muy inferior a las anteriormente mencionadas, escondía en su interior uno de los tesoros más valiosos jamás encontrados en las tumbas egipcias. De hecho, parece milagroso que se haya conservado una pirámide repleta de tesoros al lado de la pirámide más grande de Egipto, estando a la vista de todos y siendo uno de los lugares más saqueados desde hace más de 4500 años.

Pero antes de adentrarnos en el misterio que envuelve a su enterramiento y que la hizo saltar a la fama, introduzcamos a esta reina en cuya tumba se encontró uno de los mayores tesoros que nos ha dado el Antiguo Egipto.

Pirámide de la reina Hetepheres, madre del faraón Keops, en el complejo funerario de Guiza (Egipto).

LA COMPAÑERA DE HORUS

La vida de Hetepheres sigue siendo un auténtico misterio para la egiptología. Apenas se han encontrado evidencias que nos hablen de su infancia, de sus hazañas en el gobierno o de cualquier otro asunto de su vida íntima o profesional. Hay que tener en cuenta que Hetepheres no forma parte de la lista de faraonas, pues no llegó a gobernar por sí sola, pero sí que se convirtió en una de las más mayores reinas consortes y, sin duda, su gran enterramiento nos demuestra que debió de gozar de un prestigio a la altura de las grandes mujeres que habitaron el valle del Nilo.

Todo parece indicar, como apunta el prestigioso arqueólogo británico Clayton (1994, p. 42), que la reina fue hija del faraón Huni, el último rey de la III Dinastía, por lo que tendría una infancia privilegiada, a la altura de una princesa real. También, se cree que, siguiendo con la famosa tradición egipcia, Hetepheres contrajo matrimonio con su hermano o medio hermano, quien se convertiría en el faraón Snefru. No sé sabe exactamente quién fue la madre de la reina, pero se cree que pudo ser Meresanj I, esposa de Huni y madre de Snefru.

Al casarse con Snefru, Hetepheres se convirtió en la mujer más importante del reino y, poco tiempo después, dio a luz a quien sería uno de los faraones más famosos de toda la historia, el faraón Keops.

Y esto, aunque parezca sorprendente, es prácticamente todo lo que se sabe de ella. Se podría decir que se conoce más de su muerte que de su vida, pues si es famosa esta reina es precisamente por su impresionante tumba, la cual vamos a conocer a continuación.

UN HALLAZGO SIN PRECEDENTES

En 1925, tan solo tres años después del descubrimiento de la tumba de Tutankamón, la historia se repetía, pero esta vez en Guiza, en un hallazgo increíble que no ha calado tanto entre los aficionados al Antiguo Egipto como el del faraón niño, a pesar de ser igualmente impresionante.

Nunca sospecharías que, caminando por el campo, bañándote en un lago o haciendo tus labores cotidianas, el destino te depararía un encuentro fortuito que te cambiaría la vida. Y esto es lo que ocurrió en el descubrimiento de la tumba de la reina Hetepheres, ya que fue localizada de manera totalmente accidental durante un trabajo rutinario en la meseta de Guiza, en la ribera oeste del Nilo.

El protagonista fue el fotógrafo del equipo de arqueólogos que dirigía George Andrew Reisner, egiptólogo estadounidense que llevaba años excavando en Guiza, trabajando concretamente en torno a la pirámide de Micerinos. El 9 de febrero de 1925, el fotógrafo decidió tomar algunas instantáneas del lugar cuando la fortuna decidió cruzarse en su camino. Al colocar su trípode en una zona en la que deseaba capturar algunas imágenes, se llevó una gran sorpresa. Una de las patas de su trípode se clavó de manera inesperada en un terreno que era más blando de lo habitual. Al observar detenidamente, se percató de que se trataba de yeso, un yeso que estaba obstaculizando y ocultando una entrada hacia el subsuelo de la meseta. Rápidamente, el equipo de arqueólogos centró su atención en el nuevo hallazgo. Comenzaron a retirar los escombros y todo el relleno que obstaculizaba el paso. Primero encontraron doce escalones que conducían a un corredor. Tras avanzar por la galería encontraron un pozo funerario repleto de escombros que parecía no tener fin. Tras varias semanas quitando el relleno de este pozo, se toparon con la entrada a la cámara fúnebre de la pirámide de la reina.

Sin duda, este espectacular momento, que pasará a los anales de la egiptología, es digno de recrear en nuestras mentes. Imagina estar a 25 metros de profundidad (que fue lo que tuvieron que excavar los arqueólogos), prácticamente a oscuras, salvo por la luz de una pequeña lámpara, en el interior de un pozo cada vez más estrecho. Y de pronto observas la entrada a la cámara funeraria de una pirámide que podría estar intacta. Las pulsaciones se disparan con solo pensar en lo que puedes encontrar en el interior. Al acercar la lámpara un poco más, contemplas, para tu sorpresa y asombro, un sarcófago sellado y, al retirarlo, el brillo del oro por todas partes.

A la izquierda, fotografía de la entrada a la tumba de Hetepheres en 1925. A la derecha, arriba, sarcófago de la reina hallado ese mismo año. Abajo, cama y silla encontradas en las excavaciones a la cámara funeraria y expuestas en el Museo Egipcio de El Cairo.

Aunque el tamaño del interior de la pirámide de Hetepheres es inferior al interior de la tumba de Tutankamón y, por lo tanto, la cantidad de piezas también es reducida, la calidad de estas es de gran notoriedad. Y, a pesar de que algunos objetos estaban en mal estado por la descomposición de la madera, se han reconstruido a la perfección. Por fortuna, las piezas de metal sí se han conservado bastante bien.

Algunos ejemplos impresionantes de los hallazgos en el interior de la tumba de Hetepheres son una cama, varias sillas, un dosel, una colección de navajas de cobra y de sílex, perfumes y un cofre con joyas de todo tipo. Todos estos objetos estaban finamente decorados con oro, cobre y piedras semipreciosas. Pero, sin duda, el objeto de más valor hallado en la tumba de la reina es un joyero forrado de oro que contenía algo único en su interior, hecho de un material que no existía de manera natural en Egipto y, por lo tanto, poseía un valor incalculable.

BRAZALETES DE PLATA ¡MÁS VALIOSOS QUE EL ORO!

Los arqueólogos que descubrieron la tumba de Hetepheres encontraron un joyero en cuyo interior había un conjunto de veinte brazaletes que los dejaron boquiabiertos, pues no eran brazaletes normales, sino que estaban elaborados en plata y decorados con mariposas hechas con turquesa, cornalina y lapislázuli.

La plata era un material que no existía en Egipto, solo lo podían traer de fuera, por lo que era un objeto muy escaso y valioso, tanto que llegó a superar el valor del oro. Además, estos brazaletes forman la colección de plata más grande que se haya descubierto procedente del Egipto temprano.

Lo más increíble de todo es que en un estudio publicado por Sowada *et al.* (2023) en la revista *Journal of Archaeological*

Science Reports se nos revela un secreto realmente impactante sobre estos brazaletes. Tras analizarlos minuciosamente, los científicos han llegado a la conclusión de que el material con el que está elaborado coincide con lo que se puede encontrar en las minas de las Cícladas, en las islas del Egeo, en Grecia. Esto significa, por tanto, que los antiguos egipcios, en una época tan remota, ya tenían comercio con los habitantes de las islas del Egeo. De hecho, estamos ante la evidencia más antigua de comercio entre los territorios de Grecia y Egipto.

Y hablando de plata, me gustaría hacer un inciso para mencionar brevemente el caso del curioso sarcófago del faraón Psusenes I, de la XXI Dinastía, ya que se trata de uno de los descubrimientos de plata más impresionantes en todo Egipto. Su hallazgo tuvo lugar en 1940, cuando el egiptólogo francés Pierre Montet se encontraba excavando en la antigua ciudad de Tanis. Allí, dio con la conocida como tumba número 3, en cuyo interior estaba la sepultura de Psusenes totalmente intacta. Esta había conseguido escapar de la acción de los saqueadores de tumbas durante miles de años. De hecho, es la única tumba de un faraón que apa-

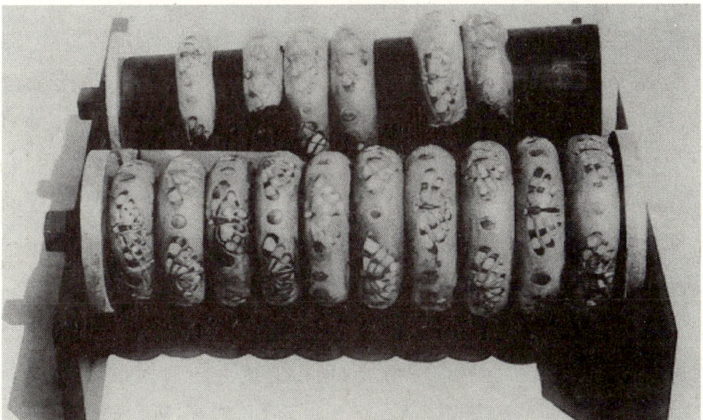

Brazaletes de plata hallados en la cámara funeraria de Hetepheres en Guiza. (Fotografía de 1925).

rece pura, inalterada, en toda la historia. Sin embargo, al igual que sucedió en la pirámide de Hetepheres, la humedad había descompuesto los objetos de madera. Afortunadamente, todo lo que estaba elaborado en piedra y metal se conservó en buenas condiciones.

Entre los objetos hallados, a pesar de tener un nivel y calidad similares a los de la tumba de Tutankamón, había una pieza en concreto que destacaba muy por encima del resto. Se trataba de un espectacular sarcófago elaborado completamente de plata maciza. Los artesanos tuvieron que dedicar cientos de horas y emplear 90 kilogramos de plata pura para la elaboración de dicho sarcófago. Sus facciones y detalles le otorgan el privilegio de ser uno de los objetos arqueológicos más impresionantes de todo Egipto. Como no podía ser de otro modo, a Psusennes se le conoce como el faraón de plata.

EL MISTERIO DE SU TUMBA

Volviendo a la pirámide de Hetepheres, existe un gran misterio que aún no ha podido ser resuelto del todo. ¿Es realmente la tumba de la reina o, por el contrario, estamos ante un lugar en el que se hacinó parte de su ajuar para salvaguardarlo de los ladrones?

En su tumba, las paredes no están alisadas, lo que se explicaría de dos maneras distintas. Por un lado, puede ser que la construcción y el entierro sean originales, es decir, que se decidió enterrar allí a la reina, pero se llevó a cabo con prisa debido a causas que desconocemos. Por otro lado, podría explicarse si la tumba fuera un mero escondrijo al que no se le dedicaron los trabajos en detalle que requiere un enterramiento normal, es decir, que la original estuviera en otro lado, pero el ajuar funerario fue trasladado a esta tumba junto a la Gran Pirámide.

La idea más aceptada por la comunidad científica es la segunda, aquella que teoriza que el enterramiento original está en otra zona. De hecho, hay varias pruebas que podrían evidenciarlo. Por un lado, ciertos elementos de la tumba, como el cofre canópico o el sarcófago, no estaban ubicados en la posición en la que se solían colocar en los enterramientos, sino que se hallaban como si simplemente los hubieran amontonado.

Otra posible evidencia, y que además forma parte de otro gran misterio de la tumba de Hetepheres, es que el sarcófago se encontró sellado pero vacío. Esto es algo realmente sorprendente y que desconcierta a los egiptólogos, ya que no hay ni rastro del cuerpo de la reina. Lo más llamativo es que los vasos canopos sí contenían los órganos de la reina. Y claro, si los vasos canopos estaban allí, la momia de la reina se debió de enterrar en ese mismo lugar, junto a ellos, en el sarcófago; sin embargo, no hay ni rastro de esta. Cabe destacar que este es el caso más antiguo conocido de la extracción de las vísceras durante el proceso de momificación.

En definitiva, para buscar una explicación a este desaguisado, se especula que la tumba de la reina estaba en otro lugar y se trasladó a la meseta de Guiza porque había sufrido el robo de los ladrones. Por lo tanto, puede ser que el cuerpo de la reina fuera saqueado para llevarse las joyas que contenía. Quienes creen en esto afirman que Keops, después de ver los saqueos, decidió salvar lo que quedaba del ajuar funerario de su madre y, por ello, lo trasladó hasta el complejo funerario que estaba construyendo en Guiza. Pero, si esto fuera cierto, ¿dónde se ubicaba entonces la tumba original de Hetepheres?

Lo lógico sería pensar que el lugar originario de la tumba de Hetepheres fuera junto a la de su marido, el faraón Snefru, en Dashur. Aunque no se sabe con certeza, hay quien cree que la pirámide satelital ubicada al lado de la pirámide Acodada pudo estar destinada a la tumba de la reina.

Sin duda, hay más preguntas que respuestas en torno a la tumba de Hetepheres, siendo uno de esos grandes misterios aún por resolver. De ser cierto que la tumba primigenia estaba en Dashur, se debieron de perder una cantidad de objetos valiosísimos que habría en ella.

Un dato clave a este respecto es que, precisamente en la zona de Dashur y en los alrededores, donde se enterró a Snefru y posiblemente a Hetepheres, se descubrieron una serie de tumbas pertenecientes a princesas cuyo interior estaba repleto de grandes tesoros de oro, plata y piedras semipreciosas. Estas princesas vivieron algunos siglos después de la existencia de Hetepheres, pero su aparición nos permite hacernos una idea de lo lujoso que debía de ser el enterramiento original de Hetepheres, si es que estaba en Dashur, ya que las prácticas funerarias seguían siendo muy similares.

LOS TESOROS DE LAS PRINCESAS

Una expedición arqueológica llevada a cabo en 1894 por Jacques de Morgan, quien era director del Servicio de Antigüedades de Egipto, descubrió una galería subterránea que conducía a las tumbas de las hijas de Sesostris III. Rápidamente, los arqueólogos se percataron del paso de los ladrones, pues estos habían saqueado todo lo que encontraron a su paso. Afortunadamente, los egipcios que realizaron el enterramiento crearon una cavidad bajo el suelo de la tumba que los ladrones no lograron ver. Allí se encontraron diferentes objetos, como un joyero perteneciente a la princesa Sathathor, con brazaletes, un pectoral, un espejo y elementos para la elaboración de collares. Todo decorado con oro, plata y piedras semipreciosas. Pero el hallazgo no acababa ahí. Al día siguiente, encontraron una galería con otro joyero oculto; en este caso, perteneciente a una princesa llamada Mereret, con muchos más objetos valiosos, como pectorales, conchas de oro, cadenas, espejos, anillos y escarabeos, entre otros.

Al año siguiente, en 1895, las excavaciones de Jacques de Morgan volvieron a dar otra gran sorpresa. En este caso, aún más sorprendente que las del año anterior, pues el arqueólogo que excavaba en el complejo funerario de Amenemhat II, donde encontraba la pirámide de dicho faraón, descubrió una fosa a la que los saqueadores no habían accedido. Posiblemente, los ladrones pensaron que ya habían entrado allí, pues saquearon todas las tumbas de alrededor, dejando esta intacta.

La fosa conducía a una galería subterránea que terminaba con dos tumbas ocultas por una losa y piedras de gran tamaño. Los arqueólogos se percataron, sobrecogidos, de que todo seguía tal y como lo dejaron tras el entierro hacía casi cuatro mil años.

Una tumba pertenecía a Ita, una de las hijas del faraón Amenemhat II. En ella, los arqueólogos encontraron un sarcófago de madera con decoraciones en oro y el ojo *udyat* como símbolo protector. La momia de la princesa no se conservó en buen estado, por lo que los arqueólogos encontraron tan solo los huesos, aunque había también una máscara funeraria y numerosas joyas de gran valor. Entre los objetos hallados en la momia de la princesa destaca una preciosa daga con una empuñadura de oro, lapislázuli, feldespato verde y cornalina, que se ha convertido en una de las grandes piezas arqueológicas del Museo Egipcio de Antigüedades de El Cairo.

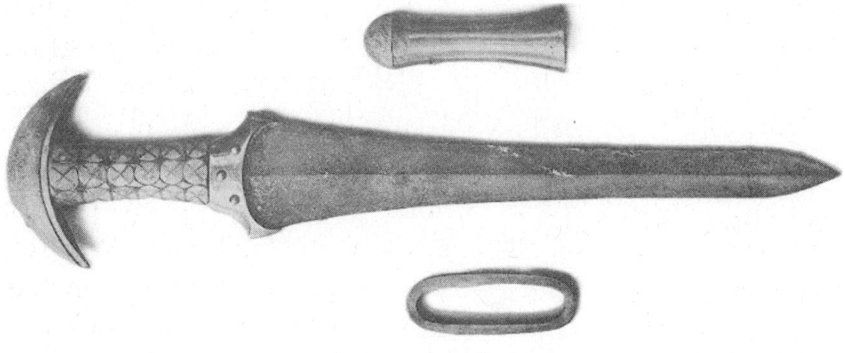

Daga de la princesa Ita, hallada en Dahshur y conservada hoy en el Museo Egipcio de El Cairo. (Fotografía de 1903).

La otra sepultura pertenecía a Khnumet, otra hija de Amenemhat II. Allí, al igual que en la tumba de Ita, se encontró a la princesa en su ataúd con todo su cuerpo repleto de joyas. Tenía un collar y pulseras en los brazos y las muñecas. Además, también se halló un cofre lleno de objetos de gran valor.

Sin duda, los tesoros de estas princesas son una de las joyas más valiosas de la orfebrería egipcia. De hecho, no solo tienen un altísimo valor material, sino también histórico, ya que en estas joyas los orfebres egipcios emplearon por primera vez en la historia la técnica del granulado, que consiste en colocar y unir pequeñas bolas de oro sobre una montura también de oro. Además, las joyas halladas en estas tumbas evidencian el gran dominio que tenían para realizar otra técnica conocida como tabicado, que se basa en insertar piedras semipreciosas entre las finas paredes de oro que se colocaban a su vez sobre placas de oro, creando así los motivos tan bonitos que decoran las joyas.

Otro hallazgo espectacular tuvo lugar en 1914 por el arqueólogo Flinders Petrie, cuando, junto a la pirámide del faraón Sesostris II, en el Fayum, encontró la tumba de la princesa Sathathoryunit. Desgraciadamente, los saqueadores ya accedieron al interior de dicha tumba en el pasado, llevándose todos los objetos que encontraron en el interior del sarcófago y los ataúdes. Pero, afortunadamente, se olvidaron de un nicho que había en la tumba, el cual seguía estando cerrado desde que se produjo el enterramiento de la princesa. Aquí se localizaron, entre otras piezas más, un pectoral con dos halcones de oro y laspilázuli, un cinturón decorado con cabezas de leopardos de oro y cuentas de amatista, así como una impresionante diadema de oro con la cobra *uadyet*.

Estas piezas fueron compradas en 1916 por el Museo Metropolitano de Arte de Nueva York (MET), aunque no se enviaron hasta 1919, cuando la Primera Guerra Mundial había terminado y no existía el riesgo de que acabaran en el fondo del mar. Sorprendentemente, algunas piezas egipcias acabaron bajo el mar cuando, en 1915, un submarino alemán lanzó un torpedo a un barco que las transportaba al

Museo Metropolitano de Arte de Nueva York. El barco, conocido como Arabic, era un transatlántico de gran capacidad y se dice que solo tardó diez minutos en sumergirse.

Y aunque parezca increíble, estas no son las únicas piezas egipcias que han acabado bajo las aguas. En 1838, un barco de nombre Beatrice terminó sumergido frente a las costas de Cartagena (España), después de que una tormenta lo hiciera naufragar. Lo sorprendente es que en su interior iban valiosísimas piezas arqueológicas; entre ellas, el sarcófago encontrado en el interior de la pirámide de Micerinos. La búsqueda de este sarcófago es uno de los mayores retos para la egiptología moderna.

Y volviendo a los tesoros de las princesas, lo hallado es tan solo un pequeño ejemplo de todo lo que debió de haberse enterrado en el interior de las sepulturas de las reinas de los faraones, como es el caso de Hetepheres. Aunque las princesas fueron enterradas con algunas de las joyas más valiosas de la orfebrería egipcia, hay que tener en cuenta que las tumbas de las grandes esposas reales debían de albergar tesoros de mayor calidad que las de las hijas del faraón.

Resulta curioso que la pirámide de Hetepheres, con sus grandes tesoros y el enigma de su sarcófago, sellado pero vacío, aún sigue siendo un tema inexplorado para gran parte de los amantes al Antiguo Egipto. Y es que, sin lugar a dudas, estamos ante una de las reinas más enigmáticas del país de los faraones.

AHHOTEP I

Siempre rodeada de moscas

Nadie quiere tener moscas a su alrededor. Tratamos de hacer todo lo posible por perder de vista a estos incansables insectos que no solo son molestos, sino que pueden llegar incluso a ser peligrosos para la salud. Las moscas pueden transmitir enfermedades al transportar en sus patas gérmenes causantes de la tuberculosis, la difteria, el tifus o la poliomielitis, entre otras muchas más. Por lo tanto, es innato para nosotros apartarlas de un manotazo cuando se nos acercan.

En cambio, en el Antiguo Egipto no era así del todo. Evidentemente, nadie quería tener moscas cerca, pero, si las moscas estaban hechas de plata u oro, la cosa cambiaba. Y esto es algo que, como te voy a explicar a continuación, sabía muy bien nuestra protagonista, la reina Ahhotep, que nació en una época muy convulsa (en el Segundo Periodo Intermedio), cuando Egipto estaba gobernado por faraones hicsos y egipcios al mismo tiempo, quienes libraban cruentas batallas por conseguir el poder total del territorio.

Para comprender la vida de la reina Ahhotep, quien llegó a gobernar como regente y obtuvo un poder que se podía asimilar al de las faraonas, debemos comenzar hablando del descubrimiento de su tumba. El 8 de febrero de 1859, el comerciante Galli Maunier, socio del director del Departamento de Antigüedades Aguste Mariette, halló en Dra Abu el Naga, en un pozo funerario a cinco metros de profundidad, una impresionante tumba intacta. En ese momento, Maunier le escribió a Mariette una carta que decía lo siguiente:

> Tengo el placer de comunicarle que sus capataces han encontrado un magnífico sarcófago y, junto a este, un cofre que contiene cuatro recipientes de alabastro de formas diferentes sin decoración ni inscripciones. La tapa del sarcófago es dorada e incluye una inscripción longitudinal y los ojos están esmaltados en oro; sobre la cabeza tiene una serpiente en relieve, aunque, desafortunadamente, falta la cabeza del animal. [Mayans, 2023].

Mariette, que se encontraba en El Cairo, trató de evitar la apertura del sarcófago hasta que no estuviera Maunier presente. Sin embargo, este no logró llegar a tiempo y el gobernador local de Qena, Fadil Pachá, abrió apresuradamente y sin ningún tipo de miramiento el sarcófago de la reina. Teniendo en cuenta que en esta época solo se interesaban por los objetos de valor material, el gobernador destrozó la momia buscando el oro y las piedras semipreciosas de las joyas que había entre sus vendajes, extrayendo dos kilogramos de estos preciados materiales. Como gesto de amistad, envió este tesoro como regalo al virrey de Egipto, que se encontraba en El Cairo. Aguste Mariette, temiéndose que las joyas acabaran perdiéndose o fueran fundidas, salió en su búsqueda, consiguiendo interceptar el barco que las estaba transportando hasta la capital egipcia. Un amigo de Mariette, Théodule Devéria, también egiptólogo, lo acompañaba en esta misión de recuperación de las piezas, y así describe lo que ocurrió:

> Habíamos llegado ya todo lo lejos que nuestro vapor podía llevarnos cuando vimos que se dirigía hacia nosotros el barco que transportaba el tesoro de la momia real. Una media hora después ambas embarcaciones estaban a la misma altura.

Tras intercambiar algunas acaloradas palabras acompañadas con gestos no menos expresivos, Mariette amenazó a uno con tirarlo por la borda, a otro con achicharrarle los sesos, a un tercero con enviarlo a galeras, a un cuarto con la horca... Al final decidieron subir la caja con las antigüedades a nuestro barco. [Mayans, 2023].

De este modo, se consiguió recuperar las joyas de la reina Ahhotep, pero su peripecia no acabaría aquí. Años más tarde, debido a la gran belleza y fama que adquirieron las joyas, fueron llevadas a la Exposición Universal de París en 1867. Allí, la emperatriz Eugenia de Montijo, quien estaba casada con Napoleón III Bonaparte, se enamoró de las piezas de la reina egipcia, pidiendo que le fueran regaladas por el virrey de Egipto. Ante esta delicada situación, y temiendo de nuevo perder este tesoro egipcio, Mariette huyó de Francia con las joyas, depositándolas en el Museo de El Cairo, donde consideraba que debían de estar.

La gran admiración que ha existido siempre por las joyas de la reina Ahhotep no es casual. Su ajuar es uno de los más bonitos hallados hasta la fecha en Egipto. Entre sus piezas, destaca un collar muy especial y que se ha convertido en uno de los objetos más admirados del Antiguo Egipto: un collar de moscas de oro cuyo significado y valor simbólico nos demuestran la personalidad de la reina.

Ataúd destinado a la reina Ahhotep en un escondite en Deir el-Bahri, el cual se halló vacío tras su descubrimiento en 1881. (Fotografía de 1909).

UN COLLAR MUY ESPECIAL

Sobre las moscas en el Antiguo Egipto existe una llamativa historia que tal vez conozcas, pues se puede ver con frecuencia en medios de comunicación, foros y redes sociales. En ella se nos cuenta que el faraón Pepi II odiaba tanto a estos pesados insectos que puso en práctica un plan para librarse de ellas. Este cubrió completamente de miel a dos miembros de su séquito que siempre lo acompañaban allá donde iba, para que las desagradables moscas quedaran entretenidas comiendo la miel sobre los pobres sirvientes del faraón mientras él podía descansar de los incansables bichos.

Pues bien, esta historia en realidad nunca sucedió, al menos no hay ninguna constancia de ello, a pesar de que en Internet se ha compartido una y otra vez como un acontecimiento verídico. De hecho, la leyenda formó parte de una serie de televisión llamada *Horrible histories*, destinada a un público infantil, creada en el año 2009 por la BBC y sacada del libro homónimo de Terry Deary, en la que se parodiaban historias populares mezclando algunos episodios fidedignos con chistes y bromas, como es el caso de aquella anécdota de los hombres repletos de miel que escoltaban a Pepi II.

Lo que sí es cierto es que Ahhotep portaba un collar de moscas consigo, pues estas tenían un simbolismo muy importante para ella. ¿Qué representan las moscas?

Prácticamente, todos los animales del Antiguo Egipto estaban relacionados con una divinidad o tenían un simbolismo profundo. Por ejemplo, encontramos a los chacales, quienes merodeaban constantemente las necrópolis para tratar de buscar alimento entre los cuerpos momificados de las tumbas. Los egipcios, al verlos visitando asiduamente estos lugares, los asociaron con las necrópolis y, por ello, Anubis, ese dios con aspecto de chacal, es el protector de los cementerios y guardián de las tumbas.

Otro ejemplo curioso lo encontramos en los escarabajos peloteros. Los egipcios vieron una peculiar práctica que llevaban a cabo estos insectos y que les da su nombre. Los escarabajos peloteros forman bolas de estiércol con los excrementos que van encontrando para, por un lado, poder transportar el estiércol con facilidad y, por otro, para guardar sus larvas en el interior y que estas se puedan alimentar del propio estiércol. Pues bien, los egipcios le otorgaron al dios Jepri, divinidad relacionada con el sol, la forma de un escarabajo pelotero. Así, al igual que estos insectos arrastran sus bolas de estiércol por la arena, Jepri arrastra el disco solar por el cielo. Además, Jepri significa «el que se crea a sí mismo», y los egipcios observaron que los escarabajos llevan la bola de estiércol de la cual salían otros escarabajos, sus crías, conformando así un ciclo interminable en el que el escarabajo parecía volver a crearse a sí mismo una y otra vez.

También encontramos a los hipopótamos a quienes asociaron con Taweret, que era la diosa de las embarazadas y la que daba protección a los niños. Pero ¿qué sentido tiene que este feroz animal, que hoy en día es uno de los que más víctimas mortales se cobra en el mundo, fuera el protector de los niños? Pues resulta que los egipcios observaron cómo los hipopótamos hembras que habían dado a luz protegían a toda costa a sus crías y se volvían extremadamente territoriales. Por lo tanto, vieron en ellas el mejor ejemplo para representar la protección a los niños.

Prácticamente, cualquier animal autóctono del Antiguo Egipto se llegó a relacionar con una divinidad o, al menos, tenía un marcado simbolismo, como es el caso de los peces, las liebres y, por supuesto, las moscas. Los amuletos de peces, por ejemplo, se utilizaban como símbolo de fertilidad. Los peces tilapia del Nilo, que eran muy abundantes y solían ser parte de la dieta egipcia, hacen una incubación bucal, es decir, que transportan a sus crías en el interior de sus bocas para protegerlas. Los egipcios observaron como del interior de la boca de un pez tilapia salían peces en abundancia y, por ello, los asociaron con la fertilidad, creando amuletos para tal efecto. De un modo similar, se hicieron numerosos amuletos de liebres. Estos se empleaban también con una finalidad reproductiva, pues las liebres son famosas por la velocidad y la cantidad a la que se reproducen, siendo por ello muy copiosos. Pero ¿y las moscas?, ¿qué simbolismo podrían tener estos fastidiosos animales?

Como sabemos, las moscas, a pesar de espantarlas una y otra vez, vuelven de manera incansable a molestarnos. Esto es algo que no ha cambiado en la historia y, por tanto, a los egipcios también les incomodaban. Sin embargo, supieron sacarle provecho a esta situación, después de comprobar la constante lucha por volver una y otra vez a pesar de ser apartadas a manotazos. Así, las moscas se convirtieron en un símbolo de perseverancia, constancia y lucha. Y es por esto, precisamente, que se utilizaron como medallas para las personas que habían cumplido una función bélica de manera exitosa. Por ejemplo, se podían otorgar collares de moscas a quienes habían sido buenos soldados en el campo de batalla o a quienes habían ayudado a reclutar miembros para el ejército. Un claro ejemplo de esto es la reina Ahhotep, en cuya tumba se halló el collar de moscas más bonito del Antiguo Egipto; una joya de oro con tres grandes moscas talladas con una precisión magistral.

LA REINA GUERRERA

¿Alguna vez te has preguntado si fueron las mujeres a la guerra? Todos tenemos en mente la imagen de las amazonas, mujeres guerreras que no tenían temor a la hora de enfrentarse a sus enemigos. En la época del Antiguo Egipto no se han hallado suficientes evidencias que confirmen que las mujeres lucharon en el campo de batalla, pero sí que sabemos que jugaron un papel fundamental en los conflictos bélicos. ¿De qué manera?

En el caso de Ahhotep, sabemos que se casó con su hermano Sequenenra Taa II, con quien tuvo varios hijos. De entre ellos, destaca Ahmose, quien quedó huérfano de padre a una edad muy temprana, lo que obligó a la reina Ahhotep a ocupar el cargo de regente. Este hecho modificaría la historia del Antiguo Egipto, pues tuvo que ocuparse de gestionar asuntos militares, algo prácticamente inusual hasta el momento. Por ejemplo, se cree que logró reclutar a soldados de la zona del Alto Egipto para su ejército y que, incluso, comandó personalmente al ejército. Estas hipótesis se sustentan por la cantidad de objetos militares que se hallaron en el ajuar funerario de su tumba. Entre los objetos encontrados destaca el collar de moscas de oro que hemos mencionado, pero hubo otros muchos que están vinculados a la guerra. Por ejemplo, se encontró una preciosa hacha de oro con incrustaciones de piedras semipreciosas en la que se puede ver representada una escena derrotando a uno de los enemigos. También se localizó un brazalete de arquero (igualmente elaborado en oro con incrustaciones) que era una pieza fundamental para lanzar flechas con arco.

Lo cierto es que muchos de estos objetos poseen un increíble estado de conservación, sin señales de uso, por lo que parece que son objetos ceremoniales que fueron elaborados para el enterramiento de la reina y que no se llegaron a utilizar en vida. Aun así, nos demuestran el poderío de la reina, e incluso nos da pistas de su valeroso carácter.

En una estela perteneciente a su hijo, el faraón Ahmose I, descubierta en el Templo de Karnak (Lúxor), se puede leer lo siguiente sobre la reina:

> Alabad a la Señora del país, la soberana de las orillas de los Haunebut, cuyo nombre se eleva sobre todos los países extranjeros, aquella que toma las decisiones en beneficio de su pueblo, Esposa Real, Hermana del Soberano (vida, salud, fuerza), Hija Real, venerable madre del rey, que está al corriente de los asuntos, que une Egipto. Ella ha reunido a sus notables, asegurándoles su unión. Ella ha vuelto a traer a los fugitivos, ha convencido a los disidentes. Ella ha pacificado el Alto Egipto; ha derrotado a los rebeldes. La Esposa Real, Ahhotep, dotada de vida. [Castro, 2011].

En esta estela, que recibe el nombre CG 34001, vemos como Ahmose asocia a su madre, la reina Ahhotep, con las victorias conseguidas. A ella le otorga el mérito de reunir al ejército, convencer a los disidentes y, sorprendentemente, derrotar a los rebeldes.

Las mujeres de la realeza durante el final de la Dinastía XVII y el principio de la XVIII demostraron una gran valentía, lucha y coraje. Ahhotep tuvo una hija llamada Ahmose-Nefertari que siguió sus pasos. Esta también se casó con su hermano Ahmose y lo ayudó en todo lo necesario para la expulsión de los hicsos y la liberación egipcia.

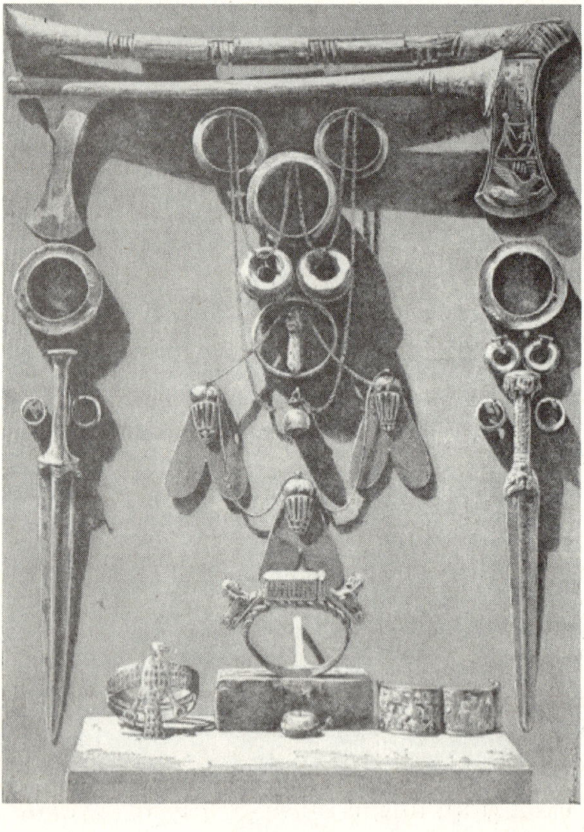

Joyas halladas entre el ajuar funerario de Ahhotep, en Tebas, donde puede apreciarse, en el centro, el famoso collar de moscas de la reina. (Fotografía de 1901).

La propia madre de Ahhotep, la reina Tetisheri, jugó también un papel fundamental en la reconquista egipcia, ya que ayudó a reclutar a los soldados necesarios para llevar al campo de batalla. Se dice que Tetisheri fue el motor de la resistencia nacional, puesto que fue esposa, madre y abuela de tres de los faraones más influyentes en la lucha contra los hicsos, plantando la semilla de la rebelión en ellos.

Estas mujeres jugaron un papel fundamental para la historia de Egipto cambiando su rumbo, pues, mientras que sus maridos iban al campo de batalla, ellas tenían que tomar las riendas del gobierno y actuar como auténticas faraonas, sin la certeza de si el faraón regresaría a casa o no. De hecho, hay una historia realmente sobrecogedora que fue protagonizada, para desgracia de Ahhotep, por su esposo el faraón Sequenenra Taa, cuando fue a luchar junto a su ejército. Y es que su momia se descubrió en un estado que dejó a los arqueólogos aterrados, debido a lo que los hicsos le hicieron: un ritual de sacrificio sin precedentes.

LA MOMIA MÁS ATERRADORA DE EGIPTO

En la época ramésida, aproximadamente trescientos años más tarde de la existencia de Ahhotep y su esposo Sequenenra Taa, se escribió un curioso documento llamado Papiro Sallier I, conservado en el Museo Británico, en el que se nos narra una curiosa historia sobre el conflicto entre los hicsos y los egipcios.

En el papiro se cuenta que el faraón hicso Apofis, quien gobernaba desde Avaris en el Bajo Egipto, envió una misiva al faraón egipcio Sequenenra Taa, en Tebas, en la que se decía que los hipopótamos de su estanque no lo dejaban dormir y que, por lo tanto, tenía que sacrificarlos para que dejaran de molestarle. Este mensaje fue tomado como una provocación, pues resulta llamativo que le molestara cuando el palacio de Apofis estaba a ochocientos kilómetros de distancia. Así, Sequenenra Taa decidió emprender una guerra contra Apofis. Hoy se cree que este papiro puede ser una curiosa versión novelada para explicar de manera sencilla la lucha entre egipcios e hicsos.

Cuando uno va a la guerra, espera poder acabar con el enemigo, tratando de evitar a toda costa el sufrimiento propio. Sin embargo, cuando Sequenenra Taa emprendió su batalla contra los hicsos, no podía ni imaginar que acabaría teniendo un destino tan cruento.

Puede haber millones de momias procedentes del Antiguo Egipto, pero existe una en concreto que dejó realmente aterrados a los arqueólogos que la encontraron. Su cuerpo estaba en un estado tan espeluznante que solo imaginar lo que tuvo que pasar al final de su vida resulta sobrecogedor. Hablamos, cómo no, de la momia de Sequenenra Taa.

Al principio, todo parecía indicar que el faraón había fallecido en el campo de batalla. Su cara presentaba signos de verdadero terror y mostraba golpes fortísimos en su cráneo. Sin embargo, los investigadores se dieron cuenta de que algo no era normal, puesto que sus manos estaban atadas a la espalda. Esto demostraba que no podía haber fallecido luchando en el campo de batalla, como era de esperar, sino que había muerto tras hacerlo prisionero. Pero ¿cómo?, ¿qué fue lo que sucedió con el gran faraón?

Tras analizar detenidamente su momia, se ha llegado a la conclusión de que el faraón fue sometido a un inusual sacrificio humano. Sequenenra Taa, que recibía el nombre del Valiente o el Bravo, fue a luchar codo con codo con su ejército para liberar a su pueblo. Sin embargo, en mitad de la batalla, fue apresado por los soldados hicsos, quienes decidieron llevarlo hasta el palacio del faraón hicso Apofis. Allí, debemos de imaginar que, tras una serie de ceremonias y rituales, colocaron al faraón en el centro de un gran salón, donde fue rodeado por cinco de los mejores guerreros hicsos, cada uno portando un arma distinta. En un momento dado, posiblemente tras recitar algún tipo de oración, los cinco hicsos golpearon de manera simultánea al faraón desde un ángulo distinto, acabando de manera inmediata con su vida.

Esto no tiene nada que ver con lo que vimos en el capítulo dedicado a Meritneit, donde los sacrificios estaban destinados a acompañar a los faraones al más allá. En este caso, se llevó a cabo el ritual con una finalidad que, aunque se desconoce, podría tener relación con el debilitamiento simbólico de la realeza egipcia.

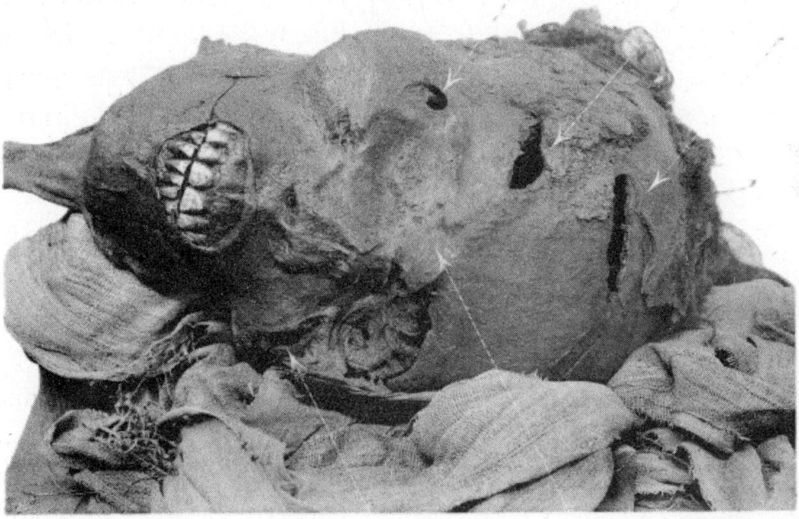

Restos óseos (cabeza, brazos y manos) del faraón Sequenenra Taa, donde se aprecian (señalizado con flechas en el cráneo) las marcas de los tortuosos abusos de los que este fue víctima.

Tras esto, la reina Ahhotep quedó sola y tuvo que hacerse cargo de gobernar el reino como regente de su hijo, pues este aún era pequeño. Años más tarde, Ahmose siguió los pasos de su padre, pero esta vez con algo más de fortuna, pues consiguió expulsar de manera definitiva a los hicsos. Por lo tanto, la muerte de Sequenenra Taa no fue en vano, sus descendientes consiguieron retomar el poder total del territorio egipcio, dando comienzo a la XVIII Dinastía.

Es realmente admirable cómo los egipcios de este periodo, y entre ellos las reinas de finales de la Dinastía XVII, sacaron una gran valentía para enfrentarse en batallas encarnizadas contra los hicsos y poder recuperar la independencia y libertad de sus propias tierras. Gracias a mujeres como Ahhotep, Egipto logró derrotar y expulsar a sus enemigos hicsos, comenzando de este modo una nueva etapa, pero no una cualquiera, sino la más próspera de toda la historia egipcia: el Reino Nuevo.

TIY

Honores para una reina

Conocida por muchos como la reina plebeya, Tiy no nació de un rey o una reina, como era de esperar, ni siquiera tenía lazos de parentesco con la familia real, sino que era hija de altos funcionarios. Sin embargo, su matrimonio con Amenhotep III la catapultó a lo más alto en la pirámide de poder.

Ambos tuvieron una vida muy longeva para la época, lo que les permitió estar muchos años liderando Egipto, pues Amenhotep III gobernó junto a Tiy durante nada más y nada menos que cuarenta largos años, en los que se realizaron algunas de las construcciones más impresionantes de toda la historia de Egipto, llegando a superar en tamaño a cualquier otra edificación elaborada hasta el momento.

El papel de la reina Tiy fue crucial durante el gobierno de su esposo, puesto que las funciones de la reina adquirieron un papel esencial en los asuntos de Estado, transformando así la tradición que tenían las reinas egipcias de ocupar un puesto totalmente secundario. Por ello, después de Tiy, las competencias y poder de las reinas se vieron elevadas durante varias generaciones. Sin duda, fue una adelantada a su tiempo.

UN TESORO OCULTO EN EL VALLE DE LOS REYES

En el año 1905, el arqueólogo James Edward Quibell, quien trabajaba para el mecenas Theodore M. Davis, llevó a cabo un descubrimiento impresionante en el Valle de los Reyes, el más espectacular de todos hasta el hallazgo de la tumba de Tutankamón. Descubrió la tumba conocida como KV46, donde estaban enterrados los padres de la reina Tiy. La sorpresa del arqueólogo fue mayúscula, pues no esperaba encontrar la tumba prácticamente intacta. Y es que se trata de una de las escasas tumbas halladas en el Valle de los Reyes que no fueron totalmente saqueadas. Además, el nivel del ajuar funerario estaba a la altura de algunos enterramientos faraónicos.

Quibell encontró que las momias de Yuya, el padre de Tiy, y Tuya, la madre de dicha reina, estaban excelentemente bien conservadas. Tenían todo tipo de joyas y amuletos, estaban protegidas por una espectacular máscara de oro y se encontraban en el interior de sarcófagos espectaculares, unos dentro de otros.

Aunque había evidencias de que en la KV46 entraron ladrones y desordenaron su interior, se pudieron conservar prácticamente todos los tesoros debido a que los guardianes y sacerdotes del valle volvieron a sellar la tumba, logrando mantenerla a salvo de nuevos ladrones durante los siguientes tres mil años.

Tanto Yuya como Tuya vivían en la ciudad de Ajmin, donde eran funcionarios de alto nivel. Su poder e influencia debió de ser tremendamente alto, pues no solo lograron que una de sus hijas se convirtiera en gran esposa real, sino que incluso el faraón enviara notificaciones a los reyes de Mitanni, Babilonia y Hatti en las que se mencionaba quiénes eran los progenitores de la gran esposa real. De hecho, el poder e influencia que debía ejercer la reina sobre Amenhotep III tendría que ser muy elevado, pues no es nada frecuente encontrar a los suegros del faraón (unos simples nobles) en una posición tan privilegiada como para estar enterrados en el Valle de los Reyes, descansando eternamente junto a los faraones. Se cree que su enterramiento en el Valle de los Reyes y su espectacular ajuar fueron un regalo del faraón Amenhotep III.

ESCARABAJOS PARA CELEBRAR UNA BODA REAL

Tiy tuvo que lidiar con otras esposas del faraón que formaban parte del harén real. Por ejemplo, Amemhotep III se casó con su hija Satamón y con la princesa Kiluhepa, de la ciudad de Mitanni. Sin embargo, Tiy siempre fue la favorita, quien estuvo presente en todo momento al lado del monarca. Las escenas que encontramos de la reina junto a Amenhotep III se extienden durante todo el reinado del faraón, y en ellas podemos ver la relevancia que se le otorgó a Tiy. De hecho, llegó a ser deificada, es decir, tratada como una divinidad, hasta tal punto que se le construyó un templo en su honor.

Escarabeo conmemorativo de Amenhotep III, donde se indica que Tiy era su esposa, conservado en el Museo Británico. (Fotografía de Ángel M. Felicísimo, Wikimedia Commons, CC BY 2.0).

Una curiosidad de los matrimonios de Amenhotep III es que, en un momento dado de su reinado, el faraón recibió una carta del rey de Babilonia, Kadashman-Enlil, en la que le preguntaba, extrañado, por su hermana, a quien había enviado al harén del faraón años atrás. El rey de Babilonia recriminaba al faraón no haber recibido noticias de ella desde hacía mucho tiempo, incluso envió un embajador a Egipto para localizarla, pero no tuvo éxito. Kadashman-Enlil sospechaba, por tanto, que su hermana había fallecido y que Amenhotep III no le había querido informar de ello. Y esto es, casi con total seguridad, lo que sucedió.

El matrimonio de Tiy con Amenhotep III, poco después de que este subiese al trono, debió de ser un evento muy importante en Egipto, ya que los matrimonios de la realeza eran celebrados por todo lo alto. En el caso de Amenhotep III y Tiy, se elaboraron escarabeos conmemorativos de gran tamaño. Estos se conocen como los «escarabeos del matrimonio», y eran amuletos cuya función principal era informar, tanto a Egipto como a los demás pueblos de fuera de sus fronteras, de que Tiy era la nueva gran esposa real de Egipto. En estos escarabeos, de los que se han hallado más de cincuenta en diferentes regiones de Egipto, Nubia y Próximo Oriente, se puede leer lo siguiente:

> El Horus viviente: Toro poderoso Kha-em-maat; las Dos Señoras: Aquel que establece la ley y pacifica las Dos tierras; el Horus de oro: Aquel cuyo valor es grande, que abate a los asiáticos; el rey del Alto y el Bajo Egipto: Nebmaatra; el hijo de Ra: Amenhotep príncipe de Tebas, dotado de vida. La Gran Esposa Real Tiy, que viva. El nombre de su padre es Yuya, el nombre de su madre es Tuya. Es la esposa de un rey poderoso, cuya frontera sur está en Karoy, la frontera norte en Naharina. [Tallet, 2022, p. 125].

Como curiosidad, durante su reinado, Amenhotep III emitió más escarabeos conmemorativos para mostrar a la gente lo poderoso que podía llegar a ser a través de sus hazañas. En uno de ellos podemos ver cómo el faraón alardea de haber capturado noventa y seis toros salvajes, y en otro dice haber abatido a ciento dos leones durante los primeros diez años de reinado.

UN GIGANTESCO LAGO POR AMOR

La reina Tiy tuvo la fortuna de vivir en un período muy próspero de la historia egipcia. Las grandes campañas militares de Tutmosis III y Amenhotep II provocaron que el gobierno de Amenhotep III fuera tranquilo a nivel bélico, salvo por una pequeña campaña en Nubia en el quinto año de su reinado. Esto provocó que no fuera necesario dedicar recursos a la guerra y que se pudieran centrar todos los esfuerzos en obtener grandes beneficios con el comercio, la minería y los tributos de las tierras conquistadas. Así, Egipto se convirtió en una potencia económica de primer orden y vivió uno de los momentos más dorados de su historia. De hecho, hay quien cree que este fue el momento más próspero a nivel económico de toda la historia de la civilización egipcia.

Con esta favorable situación, Amenhotep III llevó a cabo un programa de construcciones como nunca se había visto hasta entonces. Erigió el templo más grande hasta su época, del que, desgraciadamente, hoy en día apenas quedan en pie los famosos colosos de Memnon, dos estatuas colosales del faraón Amenhotep III. En la actualidad, en todos los viajes a Egipto, la visita a los colosos de Memnon suele ser de parada obligatoria, y cientos o miles de personas se fotografían con ellos cada día. Lo que muchos desconocen es que, en cada uno de los colosos, junto a las piernas del faraón, aparecen dos estatuas femeninas de menor tamaño, y una de ellas representa precisamente a la reina Tiy; por ende, en todas esas fotografías los turistas se llevan también el recuerdo de la reina. Sin duda, este es un hecho del que estaría muy orgullosa.

Por otro lado, Amenhotep III hizo levantar un impresionante palacio en el lado occidental del Nilo, en un lugar llamado Malkata, frente a la ciudad de Tebas, que sería el palacio más grande jamás construido en Egipto. Sin embargo, como para la edificación de los palacios se empleaba adobe, a diferencia de las pesadas piedras usadas para los templos, esto ha provocado que, desafortunadamente, apenas se conserven restos del hogar de los faraones.

Los colosos de Memnon, dos gigantescas estatuas gemelas de Amenhotep III que presidían su templo funerario en Lúxor. En la parte baja, a la altura de las piernas del faraón, están esculpidas dos figuras más: su madre, la reina Mutemwiya, y su esposa, la reina Tiy (fotografía de la derecha).

Allí, junto a su palacio, el faraón mandó construir otro espectacular palacio para Tiy. Y no contento con eso, ordenó que, al lado de este, se colocara un imponente lago artificial en honor a su querida esposa. Este tenía casi dos kilómetros de longitud y trescientos cincuenta metros de ancho. Lo más increíble de todo es que los textos antiguos afirman que la construcción se llevó a cabo en tan solo quince días (Desroches, 1999, p. 52). Si estas afirmaciones son ciertas, los cálculos estimados por expertos, como el egiptólogo estadounidense William Hayes, sobre el número de trabajadores que fueron necesarios para hacer el lago es de nada menos que doscientas cincuenta mil personas.

En un escarabeo conmemorativo se dice que para la ceremonia de inauguración de dicho lado «se paseó a su majestad sobre una barca llamada el Disco Resplandeciente». Debemos de imaginar a Amenhotep III navegando por el río en una espectacular barca, recreando la navegación que Amón-Ra tenía que realizar cada día por el cielo. De este modo, el faraón se vinculaba con el dios principal y, a su lado, Tiy lo acompañaba representando a Hathor, como una divinidad protectora.

Pero las construcciones de Amenhotep III a su querida esposa no terminan aquí. El faraón mandó construir también un templo dedicado por completo a Tiy. Este está ubicado en Sedeinga, Sudán, donde encontramos un santuario con capiteles hathóricos, pues, como comentaba, la reina estaba vinculada con la diosa Hathor.

Sin duda, Tiy no podía tener queja de su esposo, pues siempre la tuvo muy presente y llevó a cabo grandísimas obras arquitectónicas en su honor.

La reina tuvo con su esposo Amenhotep III cuatro hijas. La primera de ellas, Satamón, fue la que se casó con su padre, y se cree que con el resto de las hijas (Henuttaneb, Isis y Nebetah) el faraón pudo haberse desposado también. Por otro lado, Tiy dio a luz a dos hijos, Tutmosis y Amenhotep. Tutmosis era el primogénito, quien estaba destinado a gobernar. Sin embargo, desaparece de los registros en el año treinta del reinado de su padre, por lo que parece que falleció por ese tiempo. Así, Amenhotep, el hijo menor, acabaría obteniendo el título de faraón a la muerte de su padre.

Sin Amenhotep III, la reina siguió viviendo en las dependencias reales, donde continuó durante el reinado de su hijo llevando los asuntos diplomáticos y manteniendo contacto con los reyes de los reinos extranjeros. Se conserva una carta muy curiosa que el rey de Mitanni, Tushratta, le envió para darle el pésame por el fallecimiento de Amenhotep III. En esta misiva, conocida como EA 26 y hallada en Amarna, se puede leer lo siguiente:

> Dile a Tiy, la señora de Egipto: así habla Tushratta, rey de Mitanni. Para mí, todo va bien. Para ti, que todo te vaya bien. Para tu casa, para tu hijo, que todo vaya bien. Para Taduhepa [hija de Tushratta que se casó con Amenhotep III], mi hija, tu nuera, que todo vaya bien. Para los países, para las tropas y para todo lo que te pertenece, que todo vaya muy muy bien. Tú eres la que sabe que siempre he tenido amistad con Mimmureya [esta era la forma en la que Tushratta escribía el nombre de coronación de Amenhotep III], tu marido, y que Mimmureya, tu marido, por otra parte, siempre tuvo amistad conmigo. Y las cosas que yo le escribía y decía a Mimmureta, tu marido, y las cosas que Mimmureya, tu marido, por otra parte, me escribía y me decía, tú, Keliya [un representante mitano enviado junto al faraón] y Mane [un emisario del rey de Egipto] las conocíais. Pero tú eres la que conoce mucho mejor las cosas que nos hemos dicho el uno al otro. Nadie más las conoce. [Tallet, 2022, p. 136].

El nuevo faraón Amenhotep IV llevó a cabo una reforma religiosa sin precedentes en la historia egipcia, suponiendo un cambio radical en muchos aspectos para la civilización. Y es más, no solo modificó la religión, sino también el arte, la capital del reino (hoy Akhetatón, en la actual Amarna) e, incluso, su propio nombre, pasando a llamarse Akenatón.

Hay quien cree que Tiy, al igual que Amenhotep III, tuvo una gran influencia en Akenatón para que acabara realizando este cambio religioso, el cual ocasionó un auténtico enfrentamiento entre creyentes partidarios de los diferentes dogmas, el antiguo y el nuevo.

Tiy siguió viviendo muchos años más después de la muerte de su esposo. En ese tiempo, estuvo muy unida a su hijo, aunque no vivió con él. Se sabe que Akenatón concedió una gran cantidad de tierras a su madre, y que estas eran administradas por un funcionario llamado Huya, que se dedicaba a cuidar y mantener las propiedades de Tiy. Además, se ha encontrado en el interior de la tumba de este funcionario, en Amarna, decoración donde aparece la reina Tiy visitando a su hijo Akenatón en la nueva capital egipcia. En los relieves de dicha tumba, podemos ver a la reina madre disfrutando de un banquete junto a Akenatón y Nefertiti.

Todo apunta a que Tiy tuvo una vida muy cómoda rodeada de sus familiares y con todo tipo de lujos hasta el final de sus días. Pero, a todo el mundo le llega su hora, y Tiy no iba a ser una excepción. Se cree que falleció en alguno de los importantes palacios reales, probablemente en el de Malkata, y que esto ocurrió en el año catorce del reinado de su hijo.

Bajorrelieve de la reina Tiy (RMAH E.2157).

A pesar de haber tenido una vida cómoda y exitosa,

su descanso eterno fue muy turbulento. Su momia pasó una odisea para poder descansar en paz, pues todo parece indicar que se llegó a cambiar de tumba en reiteradas ocasiones, llegando a estar enterrada en tres ubicaciones diferentes.

UNA MOMIA RECIÉN SALIDA DE LA PELUQUERÍA

La muerte de Tiy está repleta de misterios e interrogantes. Parece ser que Akenatón decidió dar sepultura a su madre en un lugar especial que había creado en la ciudad de Amarna para los enterramientos reales. Este lugar es conocido como el Valle Real de Amarna.

Unos años más tarde, cuando el faraón Akenatón falleció, y tras los breves reinados de Semenjkara y Neferneferuatón, el faraón Tutankamón volvió a trasladar la capital a Tebas, abandonando la ciudad que había creado Akenatón. En ese momento, Tutankamón imaginó lo que pasaría con las tumbas del Valle Real de Amarna si no las rescataba. Estas estaban repletas de los más valiosos tesoros del reino y, con el abandono de la ciudad, se convertirían en un blanco fácil para los saqueadores, así que decidió trasladar las momias y todo el ajuar de sus antepasados a un lugar más seguro.

Hay que pensar que los que estaban enterrados en Amarna eran los padres, hermanos y abuelos de Tutankamón, por lo que el faraón quería proteger sus cuerpos a toda costa. Para ello, envió una gran cantidad de trabajadores, entre los que se incluirían obreros, embalsamadores y sacerdotes, que tuvieron que trasladar poco a poco las momias y sus pesados sarcófagos. Así, finalmente fueron reubicados en tumbas en el Valle de los Reyes que se reutilizaron para acoger a sus nuevos moradores. Y no conforme, el valle se dotó de seguridad para protegerlos.

Entre los restos desplazados se encontraban, como no podía ser de otra manera, los de la reina Tiy. Esto se sabe porque algunos objetos que se utilizaron en su enterramiento y que llevaban su nombre fueron hallados en el interior de la tumba KV55 del Valle de los Reyes. Por lo tanto, todo hace pensar que este fue el lugar de enterramiento de Tiy. Sin embargo, su peripecia no acabó aquí. En 1898, el egiptólogo Victor Loret halló una momia que se ha identificado como Tiy en el interior de otra tumba diferente, la KV35, que pertenece al faraón Amenhotep II. Pero ¿cómo es posible, si parte de su ajuar estaba en la KV55?

La respuesta no se sabe con exactitud, pues se barajan diferentes hipótesis. No obstante, todo parece indicar que los saqueadores accedieron al interior de la KV35 y desvalijaron a la momia de Tiy, llevándose sus amuletos y joyas más valiosas. Tras esto, los guardianes y trabajadores del valle decidieron ponerla a salvo en un lugar más seguro, y para ello utilizaron la KV35, que se convirtió en un escondrijo de momias.

La momia de Tiy es conocida como la Dama Anciana, debido a que en el interior de la tumba se halló otra momia de menor edad conocida como la Dama Joven, de la cual se sospecha que se trata de la madre de Tutankamón.

Momia de Tiy, hallada en la tumba KV35 del Valle de los Reyes.

Ambas momias (mencionadas ya en el capítulo dedicado a Nefertiti como parte de las investigaciones que tratan de descifrar el enigma de su desaparición) se encontraban sin ningún tipo de identificación, por lo que durante décadas se desconocía totalmente a quién correspondía la momia de Tiy. Finalmente, los análisis de ADN realizados sobre las distintas momias reales halladas en el Valle de los Reyes (Hawass *et al.*, 2010) hicieron salir de dudas a los egiptólogos.

La momia de Tiy es una de las que más llaman la atención a todos los que la visitan en el Museo de la Civilización Egipcia, donde se conserva hoy en día. Tiy era una mujer de estatura pequeña y su momia mide 1,45 metros (Partridge, 1996, p. 122). Si bien es cierto que con el proceso de embalsamamiento puede disminuir un poco, en vida no debía de ser mucho más alta. Aunque, sin duda, su gran atractivo se debe a una impresionante melena que se ha conservado a pesar de los miles de años transcurridos. Cuando los visitantes del museo se paran ante la momia de Tiy, todos quedan anonadados por su increíble pelo, que, para muchos, parece recién sacado de la peluquería.

Una curiosidad sobre su pelo es que Howard Carter descubrió, en la tumba de Tutankamón, un sarcófago pequeño en cuyo interior había otros tres aún más pequeños, unos dentro de otros. En el interior del último de ellos encontró algo que lo desconcertó por completo. Se trataba de un mechón de pelo, algo realmente extraño de ver entre el ajuar funerario. Gracias a los análisis posteriores, se ha podido descubrir que este mechón de pelo pertenece a la Dama Anciana, es decir, a Tiy. Sin duda, Tutankamón debió de conservar muy bien este mechón de su querida abuela y decidió enterrarse con él, demostrando el cariño que le tenía y, posiblemente, la importancia y la belleza que poseía el pelo de la reina, tal y como se aprecia hoy en día.

Tiy falleció con cincuenta años aproximadamente, tras haber vivido uno de los reinados más longevos y exitosos de todas las reinas egipcias. Una historia que contrasta totalmente con la de Anjesenamón, otra reina cuya vida se convirtió en un auténtico infierno. ¿Quieres saber por qué?

ANJESENAMÓN

Nacida para sufrir

Imagina que eres una niña y que vives felizmente con tus padres, tus hermanos, y todo a tu alrededor marcha maravillosamente bien. Sin embargo, en cuestión de pocos años, tus hermanas mayores pierden la vida a causa de una epidemia, tus padres fallecen y tu país entra en un momento complicado en el que se suceden revueltas, dejando un futuro muy incierto. En ese contexto, tu hermano es designado faraón y a ti te obligan a casarte con él siendo tan solo una niña.

Esto es exactamente lo que le ocurrió a la protagonista de este capítulo. La vida de Anjesenamón puede ser una de las más complicadas de todas las reinas que aparecen en este libro. Esta introducción, a pesar de evidenciar una situación difícil, no iba a suponer nada más que el comienzo de todas las penurias que debió de vivir la reina durante toda su vida, pues lo peor sucedió tras la muerte de Tutankamón (su hermano y también marido), cuando tuvo que recurrir a algo inaudito en la historia de Egipto para tratar de salvarse. Algo nunca visto y que dejó a los arqueólogos boquiabiertos cuando lo descubrieron. Pero, antes de llegar a esta etapa, conozcamos algo más sobre su vida.

Anjesenamón era hija de Akenatón y Nefertiti. Se calcula que nació entre el sexto y el octavo año de reinado de Akenatón. Su nombre de nacimiento era Anjesenpaatón, que quiere decir «la que vive para Atón», pero, tras la revolución religiosa iniciada por su padre, quien sustituyó el viejo culto al dios Amón por el dios Atón, la reina cambió su nombre por el de Anjesenamón, que quiere decir «la que vive por Amón». De este modo, demostraba su fidelidad a Amón y a los demás dioses clásicos del panteón egipcio.

Las probabilidades de que Anjesenamón llegara algún día a ser gran esposa real eran escasas, pues tenía hermanas mayores que estaban antes en la línea sucesoria. Sin embargo, tras un período convulso en el que muere su madre (la reina Nefertiti), su madrastra (Kiya) y sus hermanas, Anjesenamón pasó a ser la mujer de mayor edad de la realeza. Por lo tanto, estaba obligada a casarse con su medio hermano Tutankamón. De este modo, se convirtió en la mujer más poderosa del reino.

Tutankamón y su esposa Anjesenamón. Relieve hallado en la tumba del faraón en el Valle de los Reyes (Lúxor).

Es realmente llamativa la edad en la que Anjesenamón y Tutankamón se casaron. Si tenemos en cuenta que Tutankamón falleció a la edad de dieciocho o diecinueve años después de nueve de reinado. Es posible que el faraón tuviera aproximadamente diez años en el momento de casarse, y Anjesenamón debía tener unos pocos más. Hoy en día, sería totalmente impensable un matrimonio a tan corta edad, pero en una época en la que la esperanza de vida rondaba los veinticinco-treinta años no era para nada descabellado.

INTERESES MATRIMONIALES

El matrimonio en el Antiguo Egipto no era como lo conocemos hoy en día, sobre todo entre el grueso de la población, ya que durante la mayor parte de la historia egipcia no había ningún tipo de formalidad para casarse. Ni se creaba un contrato, ni necesitaban ningún requerimiento administrativo, al igual que tampoco se celebraba ningún acto religioso. Bastaba con que ambos miembros se fueran a vivir juntos. De esa forma, la pareja tenía un reconocimiento social suficiente para considerarse un matrimonio.

Todo parece indicar que la influencia de los padres en el matrimonio de sus hijos era más que evidente. En un texto procedente de Deir el Medina (Lúxor) se puede leer: «Traje un fardo a la casa de Payom y me casé con su hija» (Robins, 1996, p. 63). Y hay más casos similares.

Estos acuerdos matrimoniales debieron ser verbales, pues no encontramos contratos oficiales de matrimonio hasta el siglo VII a. C. Estos se estuvieron utilizando hasta el final de la civilización egipcia, y se empleaban para gestionar los bienes que la mujer recibía por el matrimonio y lo que sucedería en caso de que la pareja se separara. A colación de esto, encontramos un texto que dice lo siguiente:

> Te he tomado como esposa. Te he dado [una lista con una suma de dinero] aparte esta [otra lista de dinero] que te he dado como tu shep en sehemet [marido]... Y te doy 1/3 parte de todas y cada una de las cosas que habrá entre tú y yo desde hoy en adelante. [Robins, 1996, p. 63].

Los divorcios, aunque no eran muy comunes, estaban presentes en la época. Algunas de las causas para justificar un divorcio eran la infidelidad, la infertilidad y la impotencia sexual. No obstante, si el miembro de la relación que se quería separar era varón, un motivo justificable era el de desear unirse a otra mujer diferente a su esposa.

Con respecto a los matrimonios múltiples de un hombre con varias esposas, no parece estar muy claro si también era habitual entre las clases medias. Encontramos algunos casos de individuos que se representaron en sus tumbas con varias esposas, a las que llamaron «esposas anteriores», lo cual también podría significar que eran esposas que ya habían fallecido antes de tener otra nueva. Por lo tanto, se suele creer que, entre el grueso de la población, los matrimonios eran monógamos.

Por otro lado, el adulterio estaba muy mal visto. Mantener relaciones sexuales fuera del matrimonio era castigado socialmente, e incluso religiosamente. En el capítulo 125 del Libro de los Muertos se relata cómo el difunto debe reconocer ante Osiris que nunca tuvo relaciones sexuales con una mujer casada, frente a lo cual su corazón sería devorado por una bestia. Y en las Enseñanzas de Any, una colección de máximas y proverbios éticos del Antiguo Egipto, se puede leer lo siguiente (traducido en Robins, 1996, p. 74):

> Sé precavido con una mujer forastera,
> uno desconoce su ciudad.
> No te pares con ella cuando pasa.
> No la conozcas carnalmente.
> Un agua profunda cuyo curso se desconoce,
> tal es una mujer lejos de su marido.
> «Soy bonita», te dice diariamente,

cuando no tiene testigos.
Está lista para pillarte en una trampa.
Un gran crimen mortal cuando se oye.

Sin embargo, en las clases más altas, el rito del matrimonio era algo diferente a lo comentado anteriormente, ya que, en ocasiones, sí que se podían llevar a cabo actos de celebración, sobre todo los que conciernen al faraón y a la gran esposa real. En esta unión tan relevante para el pueblo egipcio, se cree que se seguía algún tipo de tradición en la que se incluían celebraciones con banquetes, músicos y bailarines. También, es probable que siguieran diferentes tipos de prácticas con motivo de la unión matrimonial, tal y como vimos en el capítulo dedicado a Tiy, donde el faraón Amenhotep III mandó elaborar una gran cantidad de «escarabeos del matrimonio» para celebrar su unión con Tiy y los envió a toda la gente más influyente de su época para dar así a conocer el nuevo matrimonio.

Estatuas de Tutankamón y Anjesenamón en el Templo de Lúxor.

En cuanto al matrimonio entre Anjesenamón y Tutankamón, debió de celebrarse por todo lo alto, puesto que se trataba del futuro faraón y su gran esposa real. Tras este acontecimiento vital, es probable que Anjesenamón ganara ciertas competencias debido a su alto estatus social, aunque es cierto que ella ya gozaba de una vida repleta de lujos y comodidades, pues era hija de un faraón, vivía en el harén real y tenía a su servicio todo tipo de funcionarios.

No obstante, hay que tener en cuenta que tanto Tutankamón como Anjesenamón eran solamente unos niños cuando llegaron juntos al trono. Por lo tanto, se piensa que quien manejaba el poder desde la sombra y tomaba todas las decisiones importantes era Ay, posiblemente el abuelo de Anjesenamón. Este hombre fue miembro de la corte, consejero real y, probablemente, sacerdote. Tuvo un papel fundamental tras la muerte de Tutankamón, pues llegó a convertirse en faraón. De hecho, hay egiptólogos, como Brier (1998), que le atribuyen la muerte de Tutankamón, pues creen que lo asesinó para ocupar su puesto. Recordemos que Tutankamón falleció tras recibir un durísimo golpe que dejó su cuerpo maltrecho. En su pierna se puede ver una gran fractura que le originó una grave infección, pereciendo al instante. Por lo tanto, aparte de la hipótesis que coloca a Ay como posible homicida, la muerte de Tutankamón pudo deberse a un atropello con un carro de caballos, o que se cayera del mismo, o que sufriera un ataque por parte de un animal pesado, entre otras muchas conjeturas.

Sobre la figura de Ay seguiremos hablando más adelante. Ahora, continuemos con la vida de Anjesenamón, pues, tras casarse con Tutankamón, tuvo descendencia, aunque el destino le iba a jugar otra mala pasada a este respecto.

LAS HIJAS DE ANJESENAMÓN

Debemos de viajar en el tiempo hasta la década de 1920, cuando Howard Carter descubrió y accedió a la tumba de Tutankamón, la KV62. Allí, el famoso arqueólogo no solo encontró la momia del faraón niño, sino que también halló dos pequeños sarcófagos con forma antropomorfa. Su sorpresa fue notoria cuando, tras abrirlos, se topó con el rostro de otras dos momias: ¡las hijas de la pareja real!

Aunque es un dato poco conocido para el gran público, la reina Anjesenamón tuvo dos hijas con Tutankamón. Sin embargo, la suerte no estuvo de su parte y el destino quiso que ambas fallecieran de manera prematura, nada más nacer o incluso antes de ello.

En el Antiguo Egipto, los bebés y fetos que fallecían eran enterrados junto a sus padres en el interior de las tumbas para compartir espacio de descanso eterno. Como ejemplo de esta práctica, tenemos el caso del arqueólogo Ernesto Schiaparelli, quien encontró otro feto momificado en el interior de una tumba del Valle de las Reinas.

En el caso de la muerte de las dos hijas de Anjesenamón, estas fueron guardadas en un lugar privado hasta que llegó la hora de enterrar a su padre, el faraón Tutankamón. Es sorprendente y un poco macabro pensar en lo que hubiera pasado si Tutankamón hubiera vivido hasta una avanzada edad: ¿las hubieran conservado durante décadas para poder darle sepultura junto a su padre?

Los restos humanos de estas niñas se conocen como la momia 317a y la momia 317b. La primera es de menor tamaño y se calcula que falleció durante el quinto o sexto mes del embarazo de Anjesenamón, mientras que la momia 317b, de mayor tamaño, falleció al momento de nacer o poco después, pues tiene una medida correspondiente a nueve meses de gestación.

Howard Carter vio las momias por primera vez en 1925, tras quitarles los vendajes. Sin embargo, no fueron examinadas exhaustivamente hasta 1932, cuando Douglas Derry, del

Departamento de Anatomía de la Universidad de El Cairo, les realizó una autopsia, descubriendo cosas increíbles. Por ejemplo, observó que en la momia 317a, la más pequeña, no había ningún tipo de incisión en su abdomen que sirviera para poder extraer los órganos durante el proceso de embalsamamiento, por lo que se creyó que la momificación fue natural o, al menos, poco elaborada. Esto se ha puesto en duda con los últimos análisis llevados a cabo sobre las dos momias (Hawass e Ikram, 2011), donde se aprecia un objeto extraño dentro del torso que se pudo introducir durante el proceso de momificación. Por ello, esta incógnita aún se sigue estudiando.

La otra momia, la 317b, sí presentaba una incisión en el abdomen y claros signos de momificación artificial. Ambas momias se encuentran en un mal estado de conservación con respecto a como fueron encontradas en la década de los años veinte del siglo pasado. Sorprendentemente, no se han tratado con los cuidados que sus frágiles cuerpos necesitan, por lo que se han dañado gravemente.

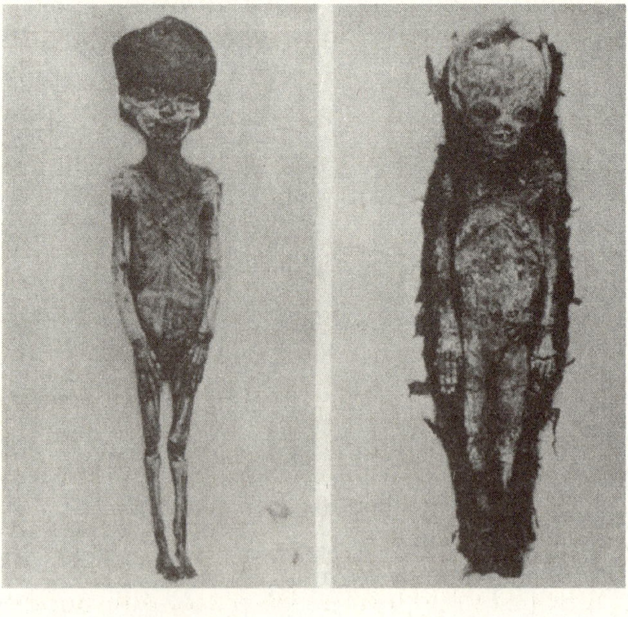

Momias 317a y 317b, que pertenecían a las hijas prematuramente fallecidas de Tutankamón y Anjesenamón. (Fotografía de 1926).

Los análisis con tomografía computarizada y otros métodos no han permitido descifrar la causa de sus muertes, pero hacen creer a los científicos, a pesar de no tener aparentemente anomalías congénitas esqueléticas, que fallecieron debido a la tradición de mantener relaciones intrafamiliares en la familia de Tutankamón y Anjesenamón.

La consanguinidad es algo que puede provocar severos problemas de salud a todos los niveles y aspectos, y se daba con cierta frecuencia entre la realeza egipcia, donde los matrimonios entre familiares era relativamente común.

Para los egipcios, el incesto tenía una explicación lógica: esta práctica permitía mantener el poder y la riqueza, sin necesidad de tener que compartirla con nadie ajeno a la familia real. Además, el incesto tenía un marcado simbolismo para los egipcios, pues, al llevarlo a cabo, seguían el ejemplo de sus dioses principales: Osiris e Isis. Estas divinidades, a pesar de ser hermanos, tuvieron un hijo, al que llamaron Horus. Este fue uno de los primeros faraones, y se creía que los reyes egipcios descendían de él. Por lo tanto, el incesto era visto como la manera en la que los dioses comenzaron la realeza egipcia.

Además, la endogamia tenía grandes beneficios, pues los faraones se ahorraban el tener que acoger a los padres de sus mujeres y la obligación de otorgarles una lujosa dote, obsequiarlos con títulos y, en definitiva, darles cierto poder. Este poder, aunque no fuera desmesurado, significaba una pérdida de control político y económico para el rey. Además, en ocasiones, los padres de estas mujeres nobles eran importantes gobernadores locales o terratenientes, personas de gran ambición e intereses que podían desestabilizar el poder real.

No obstante, a pesar de las ventajas estratégicas que pudiera tener el incesto, también conllevaba riesgos muy elevados. Entre ellos, una salud precaria junto a una posible esterilidad del futuro faraón. No eran riesgos baladíes, pues podrían provocar crisis sucesorias si el faraón no podía engendrar un heredero debido a sus problemas de consanguinidad. Por todo ello, era difícil para los faraones elegir a una mujer para tener descendencia.

En diferentes momentos de la historia egipcia, se cree que el incesto fue el causante de la desaparición de varias dinastías, como la VI, la XII y la XVIII. Esta última estuvo provocada precisamente por Tutankamón. Él también era hijo de hermanos, tal y como demuestran los análisis de ADN realizados a las diferentes momias de la familia real, lo que provocó que pudiera tener problemas físicos. Tal vez por esto, o porque continuó con la misma práctica incestuosa, se podría explicar que sus dos hijas fallecieran de manera prematura.

La muerte de las niñas debió suponer un duro golpe para Anjesenamón y, tristemente, esto no era nada más que la punta del iceberg de los problemas que se le avecinaban a la joven reina. Poco tiempo después, también falleció Tutankamón, dejando Egipto sin un heredero legítimo y con muchos pretendientes deseosos de conseguir ese ansiado puesto y todo el poder que conllevaba. Anjesenamón debía de estar temerosa, pues sabía que quien tomara el relevo de Tutankamón tendría que casarse con ella y, con total seguridad, someterla a sus decisiones. El consejero Ay era el que mejor posicionado estaba para hacerse con el título de faraón. Por ello, a pesar de ser posiblemente el abuelo de Anjesenamón, no dudó en luchar por su ascenso al trono y tratar de casarse con ella. Pero Anjesenamón aún guardaba un as bajo la manga, una estrategia insólita para evitar ese matrimonio no deseado.

¡SE BUSCA FARAÓN!

Para evitar contraer matrimonio con Ay, Anjesenamón hizo algo nunca visto. Echó mano a la única solución que le quedaba: buscar a un faraón fuera de las fronteras de Egipto. Esto era algo vergonzoso para el honor de los egipcios. ¿Cómo un extranjero iba a ocupar el más alto estatus y dirigir el país por encima de todos? ¿Qué tan desesperada estaba la reina para recurrir a algo así?

Gracias a un documento hitita en el que se recogen los anales del rey Shuppiluliuma I, redactado por su hijo Murshili II, podemos saber que una reina egipcia, a la que se le llama Dahamunzu, escribió a Shuppiluliuma para informarle de que su marido, Nipjururiya, había muerto, y le solicitaba a uno de sus hijos para que se casara con ella y se convirtiera en rey de Egipto. El fragmento dice así:

> Mientras mi padre estaba acabado en el país de Carchemish, envió a Lupakki y a Tarhunta-zalma hacia el país de Amka. Entonces fueron a atacar a Amka y trajeron a los deportados, al ganado vacuno y al ovino ante mi padre. Pero cuando el pueblo de Egipto se enteró del ataque a Amka, tuvo miedo. Y puesto que, además, su señor Nibhururiya había muerto, por lo tanto, la reina de Egipto, que era Dahamunzu, envió un mensajero a mi padre y le escribió lo siguiente: «Mi marido ha muerto. No tengo ningún hijo. Pero para ti, dicen, los hijos son muchos. Si me dieras un hijo tuyo, él se convertirá en mi esposo y en rey de Egipto. Nunca elegiré a un sirviente mío y lo convertiré en mi marido. [...] ¡Tengo miedo!

Como era de esperar, el rey hitita pensaba que se trataba de un engaño, pues ¿quién en su sano juicio pediría algo así? Por ello, envió a un emisario para corroborarlo. Tras tener la certeza de que el contenido de la carta era cierto, decidió enviar a uno de sus hijos, que salió en comitiva hasta Egipto. Pero, para desgracia de la reina, el joven hitita nunca llegó a su destino. El carro en el que viajaba fue atacado y quien iba a ser el nuevo faraón falleció.

Hay que aclarar que, aunque la mayoría de los egiptólogos creen que fue Anjesenamón quien protagonizó esta historia (Arnold, 1996, p. 12), lo cierto es que no se conoce con precisión la identidad de la reina a la que llaman Dahamunzu. También se baraja la posibilidad de que fuera Nefertiti o Meritatón, pues estas reinas tuvieron el título de gran esposa real poco antes que Anjesenamón.

La controversia viene a raíz del nombre del faraón cuyo fallecimiento dejó viuda a la reina. Los hititas lo llaman Nipjururiya, y este podría ser Tutankamón, puesto que su nombre de coronación era Nebjeperura. De ser así, estaríamos hablando, efectivamente, de que sería Anjesenamón la reina detrás de Dahamunzu. Pero también podría hacer referencia a Akenatón, pues su nombre de coronación era Neferpeprura. En este otro caso, podría ser Nefertiti o Meritatón la remitente. Sea como fuere, lo que está claro es que ningún príncipe hitita alcanzó el trono egipcio. Y claro, Anjesenamón quedó desolada, sin rumbo en el gobierno.

En restos arqueológicos de la época, se ha hallado un anillo en el que aparece el nombre de Anjesenamón junto al de Ay, por lo que resulta muy probable que finalmente ambos contrajeran matrimonio. De este modo, Ay se salió con la suya, alcanzando el poder absoluto de Egipto. Hay que pensar que, para los egipcios, la gran esposa real era como la esposa de un dios, por lo que estar casado con ella le otorgaba a Ay un halo divino y la justificación para coronarse como rey.

Ay, a la derecha, vestido de sacerdote, lleva a cabo el ritual de la apertura de la boca sobre el cuerpo fallecido del faraón, representado como el dios Osiris. Esta pintura se encuentra en la pared de la cámara funeraria de Tutankamón.

Esto era algo que, sin duda, Anjesenamón sabía que ocurriría. Sabía que quien consiguiera alzarse con el poder la utilizaría para ser su esposa. Por ello, y con miedo, tuvo que recurrir a la medida desesperada de solicitar a un príncipe hitita. No iba con ella el famoso dicho de «Más vale lo malo conocido que lo bueno por conocer».

Lo más sobrecogedor de todo es que la historia de la reina desaparece en este momento. Nadie vuelve a saber nada más de ella, y aún no se han hallado evidencias de qué pasó realmente tras el matrimonio con Ay.

Como hemos visto, la vida de Anjesenamón no debió de ser nada fácil. Sin descendencia, sin marido y con todo su mundo desmoronándose. Sin duda, el título de este capítulo, «Ajesenamón: nacida para sufrir», describe su historia a la perfección.

NEFERTARI

Por la que brilla el sol

Hablar de la reina Nefertari es hablar de una de las mujeres más reconocidas y admiradas de toda la civilización egipcia. Y no es para menos, pues fue una figura clave en la vida del faraón más poderoso de cuantos existieron: Ramsés II. Este gran rey llevó a cabo importantes construcciones en honor de su amada esposa, destacando, sin lugar a dudas, el impresionante Templo de Nefertari en Abu Simbel. Incluso, para demostrar el gran amor que profesaba hacia ella, Ramsés II le construyó la tumba más bonita de todas las que jamás se elaboraron en Egipto, conocida a menudo como la Capilla Sixtina de la Antigüedad, donde, por cierto, se halló una parte curiosa del cuerpo de una momia que ha dado muchísimo de qué hablar. Pero, antes de adentrarnos en todo esto, vamos a conocer la vida de la maravillosa reina Nefertari.

El nombre de Nefertari se traduce como «la más bella», aunque se le conoce como «la bella entre las bellas». Su nombre iba acompañado de un segundo: Merienmut, que significa «amada de Mut». Mut era una divinidad con gran popularidad en la zona de Tebas, de donde se cree que podría ser originaria la reina. De hecho, el famoso tocado con el que se suele representar a Nefertari (un tocado con aspecto de buitre) es el mismo con el que se representa a la diosa Mut.

Se cree que Nefertari procedía de la nobleza, puesto que no se ha hallado ninguna inscripción en la que se le identifique como «hija del rey», un título habitual entre quienes sí lo eran. Por lo que debemos pensar que se trata de alguien que nació en una familia de poderosos funcionarios, cuya popularidad comienza tras su matrimonio con el gran Ramsés.

UN MATRIMONIO POR AMOR

Parece evidente que la pareja real experimentó un amor verdadero. La importancia que Ramsés II le otorgó a Nefertari se aprecia no solo en las estatuas o las construcciones colosales, sino también en los títulos que recibe la reina. Entre ellos, uno de los que más destaca es, sin duda, el de «señora de las Dos Tierras», pues desde el origen de la civilización egipcia encontramos el título de «señor de las Dos Tierras» en referencia exclusiva al faraón, quien ostentaba el poder sobre el Alto y el Bajo Egipto (las Dos Tierras). Sin embargo, que este título lo poseyera una mujer que no es faraona muestra que su poder como reina estaba muy cerca del que ostentaba el faraón.

Se sabe que se casó con Ramsés II siendo apenas una adolescente. Desde el primer año de reinado, se la ha representado junto al faraón en asuntos cotidianos relacionados con temas religiosos y estatales. Por ejemplo, aparece en la tumba del sacerdote Nebwenenef oficiando la investidura del nuevo sumo sacerdote de Amón. Además, hay constancia de que Nefertari tuvo un papel importante en el gobierno a nivel diplomático. De hecho, la importancia de la reina es tal que formó parte de un acontecimiento que cambió por completo el reinado de Ramsés II y el rumbo de la historia egipcia. Y es que Nefertari contribuyó a la firma del primer tratado de paz de la historia de la humanidad. Existe una carta que esta envió a la reina hitita Paduhepa diciendo lo siguiente:

> La gran Reina Naptera [Nefertari] de la tierra de Egipto habla así: Hablo a mi hermana, Puduhepa, la Gran Reina de la tierra de Hatti. Que todo te vaya bien, hermana mía, y que todo te vaya bien en tu país. Ahora, yo he sabido que tú, mi hermana, me has escrito preguntándome acerca de mi salud. Y me has escrito sobre el asunto de la paz y la hermandad entre el gran rey de Egipto y su hermano, el gran rey de Hatti. Que el dios del Sol [de Egipto] y el dios de la Tormenta [de Hatti] te traigan alegría y que el dios del Sol haga que la paz sea buena... Tengo amistad y una relación fraternal con la gran reina de Hatti, ahora y para siempre. [Mcdonald, 1996].

Por tanto, Nefertari contribuyó a que Ramsés II firmara con Hattusili III (rey del pueblo hitita) el primer tratado de paz conocido. Este es un documento que elaboraron tras la famosa batalla de Qadesh, que tuvo lugar en el año 1274 a. C. y se considera el primer gran enfrentamiento entre dos de las potencias más importantes de la Antigüedad. Al parecer, tras dicho pacto, la relación entre hititas y egipcios fue duradera y sólida. De hecho, el rey hitita llegó a enviar a su hija mayor a Egipto, donde contrajo matrimonio con Ramsés II.

Nefertari ofrece jarras de vino en su tumba
en el Valle de las Reinas (Lúxor).

Este fue un gesto de amistad y sirvió para unir lazos entre los dos reinos. La paz provocó que Egipto no perdiera tiempo e importantes recursos en grandes batallas, disfrutando así de un reinado mucho más próspero, en el que se pudieron llevar a cabo todo tipo de construcciones colosales que, hoy en día, siguen maravillando y sorprendiendo a quienes las visitan. Como curiosidad, Ramsés II mandó levantar tantas estatuas con su rostro que, en la actualidad, cuando los ciudadanos egipcios encuentran una estatua de un faraón, dicen que han hallado un Ramsés, aunque la estatua ni siquiera corresponda a dicho soberano, es decir, la palabra *estatua* ha pasado a ser sinónimo de Ramsés para muchos egipcios.

No cabe la menor duda de que Ramsés II debía de estar enamoradísimo de su esposa. Es evidente que siempre la tuvo muy presente, haciéndola representar a su lado en numerosas ocasiones. También le dedicó preciosos textos y, sobre todo, le construyó un impresionante templo en Abu Simbel. En este, Nefertari aparece representada del mismo tamaño que Ramsés II, otorgándole la misma importancia, algo muy inusual en esta época. Pero lo más bonito de todo es el texto que mandó tallar en las paredes del templo: «Nefertari, por la que el Sol brilla». Imaginad la importancia que tendría para Ramsés II su esposa, pues el Sol era lo más valorado que podía haber en el Antiguo Egipto, y Ramsés II decía que este brillaba solo para iluminar a Nefertari. Precioso, ¿verdad?

UN TEMPLO PARA LA MÁS BELLA

En la tradición del arte egipcio, el tamaño con el que se representaban a las personas o dioses, independientemente de si es en relieve, pintura o estatua, determinaba su nivel de influencia y poder en la sociedad; es decir, jugaban con la escala para otorgar mayor o menor importancia a las personalidades de la época. Curiosamente, esto ha provocado que, incluso hoy en día, haya gente que crea en la existencia de gigantes en la Antigüedad. Pero nada más lejos de la realidad, pues lo normal era que los faraones tuvieran un tamaño muy superior al de sus esposas, hijos, nobles, súbditos y, por supuesto, enemigos o esclavos. Por lo tanto, representarse del mismo nivel que el faraón era un honor al alcance de muy pocas personas. Nefertari, por supuesto, era una de ellas.

Tanto el Templo de Nefertari como el de Ramsés II fueron trasladados de manera espectacular para evitar que se inundaran debido a las crecidas de las aguas provocadas por la creación de la presa de Asuán. Así, en la década de 1960, los templos fueron cortados en infinidad de bloques y montados, como puzles, en su nuevo emplazamiento, a unos 200 metros de su lugar original, a salvo de las aguas.

En las paredes del Templo de Nefertari, en Abu Simbel, podemos leer lo siguiente: «Ramsés II ha hecho un templo excavado en la montaña en Nubia, de calidad eterna, para la reina principal [...] Nefertari, amada de Mut por siempre jamás [...]. Nefertari, por la que el Sol brilla».

Templo de Nefertari en Abu Simbel, en el que la reina aparece representada con las mismas dimensiones que su esposo, el faraón Ramsés II.

Otra curiosidad es que en las paredes del templo encontramos que a Nefertari se la llama «madre del rey». Sin embargo, todos sus hijos fallecieron antes de que lo hiciera el padre y pudieran sucederlo. Entonces, ¿a qué se debe este título? Cuando se construyó el templo, Nefertari era la gran esposa real y, por tanto, el faraón esperaba que uno de sus hijos alcanzara el trono de Egipto. Por ello, adelantándose a los hechos, talló esto en el templo. Pero Ramsés II fue tan longevo (se estima que murió cerca de los noventa años) que ningún hijo de Nefertari logró vivir lo suficiente para heredar el puesto de su padre. No es casualidad que la KV5, perteneciente a los hijos de Ramsés II, sea la tumba con mayor número de metros cuadrados de todas las que existen en el Valle de los Reyes, puesto que, debido a su duradero reinado, el faraón hizo construir un enterramiento muy grande para dar descanso a todos sus difuntos hijos.

Y hablando de tumbas, el Templo de Abu Simbel no fue el único gran regalo de Ramsés a su amada, sino que aún le aguardaba otro más: su impresionante tumba.

Poco después de la inauguración de los templos de Abu Simbel, Ramsés II llevó a cabo la ceremonia Heb Sed (donde se celebraba la renovación de la fuerza física y la energía sobrenatural del faraón) tras treinta años en el poder, pero entre los asistentes de dicha festividad no consta la reina Nefertari, por lo que los egiptólogos han llegado a la conclusión de que esta ya debía haber fallecido antes del trigésimo año de reinado de su esposo.

La reina perdió la vida, por causas aún desconocidas, cuando contaba con, aproximadamente, cuarenta años de edad. Lo que sucedió entonces es que Ramsés II demostró su amor por ella una vez más, construyéndole una residencia eterna a la altura de la mujer del faraón más poderoso de todos los tiempos. Su tumba es, sin duda alguna, uno de los lugares más espectaculares de todo Egipto.

LA IMPRESIONANTE TUMBA DE NEFERTARI

La tumba de Nefertari, descubierta en el año 1904 por el arqueólogo Ernesto Schiaparelli, es considerada por muchos la tumba más bonita de todas cuantas existen en Egipto. Se conoce como la QV66, y con sus vívidas y llamativas pinturas es uno de los grandes tesoros de la historia de la humanidad.

Para demostrar el amor que le tenía a su mujer, Ramsés II llevó hasta el Valle de las Reinas a los mejores artesanos de todo el imperio. Allí, crearon con todo lujo de detalles unas hermosas escenas que muestran el viaje de la reina hacia los dominios de Osiris.

La mayoría de las pinturas que se observan en la QV66 muestran a la reina rodeada de divinidades y pasajes correspondientes al Libro de los Muertos. Pero también encontramos algunas escenas cotidianas, como aquella en la que aparece jugando al *senet*, uno de los juegos de mesa más antiguos que existen en la historia. Gracias a esta representación conocemos uno de los pasatiempos favoritos de la reina.

Hoy en día los juegos de mesa han evolucionado más hacia lo digital con el auge de las videoconsolas y los dispositivos móviles. Sin embargo, en el Antiguo Egipto existían multitud de juegos de mesa, de entre los que destacaba el *senet*. Este era el juego más practicado por la población, independientemente del estatus y situación económica de los jugadores. En la tumba de Tutankamón se encontraron varios tableros y piezas de dicho juego. Casi con total seguridad, en la tumba de Nefertari también se depositó este pasatiempo; no obstante, apenas aparecieron objetos en su interior. Lo poco que se halló no tenía prácticamente valor si lo comparamos con todo lo que debió de haber albergado originalmente.

El ajuar de la reina fue saqueado en la época de los propios faraones. Por lo tanto, apenas ha sobrevivido nada, y los objetos que lo han hecho están dañados o rotos, pues pensemos que lo único que quedó era lo que ni siquiera los ladrones quisieron robar. En cambio, sí se llevaron parte del sarcófago de granito rosa, del que solo quedaron algunos fragmentos dentro de la tumba.

Lo poco que se salvó está en el Museo Egipcio de Turín, en Italia, donde podemos observar unas sandalias de la talla cuarenta (bastante grandes para una mujer de la época de Nefertari), unos *shabtis,* el pomo de una puerta de un cofre, algunos objetos rituales, como amuletos, y poco más. Nada de gran valor. Nada de oro o plata.

Solo una cosa hallada en el interior de la tumba llamó poderosamente la atención de los egiptólogos: la momia de la reina, o, más bien, una parte de la misma. Y es que, sorprendentemente, ¡solo se encontraron las rodillas momificadas de Nefertari!

Nefertari jugando al *senet.* Escena hallada en su tumba.

¿¡UNAS RODILLAS MOMIFICADAS!?

En el Antiguo Egipto, los saqueadores de tumbas debían de actuar rápido. Cuando accedían a escondidas al interior de las tumbas, sabían que, si los pillaban, serían sometidos a torturas e, incluso, condenados a muerte. Por ello tenían que ser especialmente hábiles para burlar a los guardianes de las necrópolis, quienes se encargaban de velar por la seguridad de las tumbas.

Además de la velocidad, los saqueadores no tenían ningún interés en conservar todo aquello que fuera orgánico o de poco valor material, buscaban metales y piedras preciosas. Y claro, cuando los embalsamadores procedían al vendaje de las momias reales, les colocaban todo tipo de joyas y amuletos sobre la momia y entre las múltiples capas de vendaje. De hecho, se han encontrado momias con decenas e incluso cientos de objetos en su interior.

Por lo tanto, cuando los saqueadores entraban en las tumbas, sabían que las joyas más valiosas estaban en las momias y no reparaban en tener cuidado con los restos fúnebres de los difuntos. Su única finalidad era conseguir todo lo que tuvieran a su alcance, a pesar de que acabaran destrozando las momias por completo, lo que ha supuesto una pérdida de valor grandísimo para la egiptología.

En el caso de Nefertari, el problema reside en que encontrar solamente unas rodillas dificulta el poder identificar a quién pertenecían, pues no había ningún tipo de inscripción en ellas. El hecho de que estuvieran en el interior de la tumba de Nefertari no confirma que se trate de la propia reina, pues su tumba se pudo haber aprovechado en épocas posteriores, ya que, a lo largo de la historia egipcia, la usurpación de tumbas era algo bastante común. Sin ir más lejos, hemos visto en otros capítulos de este libro que en el Valle de los Reyes se reutilizaron tumbas para albergar a otras momias después de los saqueos, como la KV35, donde se encontró a Tausert, Tiy e, incluso, puede que Nefertiti. También en la famosa pirámide de Micerinos, en la meseta de Guiza, cuando los británicos H. Vyse y J. S. Perring entraron en su interior en 1837, descubrieron restos de un sarcófago de madera con unos restos humanos enterrados en su interior (Parra, 2011, p. 213), aunque estudios posteriores han determinado que no se trata del faraón Micerinos, sino que fue un enterramiento muy posterior de alguien cuyos familiares consideraron que ese era un buen lugar para sepultarlo. Los análisis para datar el cuerpo hallado en la pirámide de Micerinos demostraron que este, además, ni siquiera pertenece al Antiguo Egipto, sino que se trata de alguien que vivió en época árabe, entre el 658 y el 896 d. C. (Strouhal *et al.*, 2001, p. 19).

Por lo tanto, para poder esclarecer la identificación de la momia hallada en el interior de la tumba de Nefertari, en el año 2016, se realizó un estudio multidisciplinar llevado a cabo por algunos de los mayores especialistas del mundo en sus respectivas áreas. Dicho estudio tenía como finalidad responder a la pregunta de si los restos de la tumba QV66 pertenecían a la reina Nefertari. Los científicos de la Universidad de York utilizaron datación por radiocarbono, antropología, paleopatología, genética y análisis químico para identificar los restos. Aun así, los resultados fueron bastante concisos.

Descubrieron que las rodillas momificadas pertenecen a una mujer, aparentemente sana, de mediana edad (Habicht *et al.*, 2016). Determinaron que, a pesar de su buena salud, se trataba de una mujer que no tenía una gran actividad física, lo cual encajaría perfectamente con el estilo de vida de las clases altas egipcias, como podría ser una reina, a quien le daban todo el trabajo hecho y la llevaban de un lado a otro sin necesidad siquiera de andar mucho. Además, observaron que las técnicas de momificación empleadas durante el embalsamamiento de esta mujer se corresponden exactamente con las que se utilizaban durante la época de Nefertari. Incluso los científicos dataron a la momia justamente en la Dinastía XIX, a la que perteneció nuestra querida reina.

Por ello, aunque los resultados parecen muy esperanzadores para la comunidad científica, la realidad es que resulta imposible corroborar al cien por cien que se trate de Nefertari, ya que siempre quedará la incógnita de si los restos hallados pertenecen a una hija de esta o a cualquier otra persona cercana a ella. Para salir de dudas, deberemos de esperar a nuevas evidencias.

Si estamos ante los restos momificados de Nefertari, que sería lo más probable, debemos pensar que Ramsés II, después de la muerte de su gran amor, tuvo que vivir cincuenta años más, aproximadamente.

Lo cierto es que, si no hubiera sido por el largo reinado de este, Nefertari hubiera podido convertirse en madre de un faraón, pero, debido al gobierno tan longevo de Ramsés II, sus hijos fallecieron antes que su padre y, por lo tanto, ninguno pudo vivir lo suficiente para sustituirlo. El afortunado fue, finalmente, Merneptah, uno de los descendientes del faraón con otra esposa, llamada Isis-Nefert.

A pesar de no haber obtenido ese título para la posteridad, la grandeza de la reina no se ha visto mermada. Su legado perdura hoy en día, y tanto su templo como su tumba son considerados como unos de los mayores atractivos turísticos que existen en Egipto.

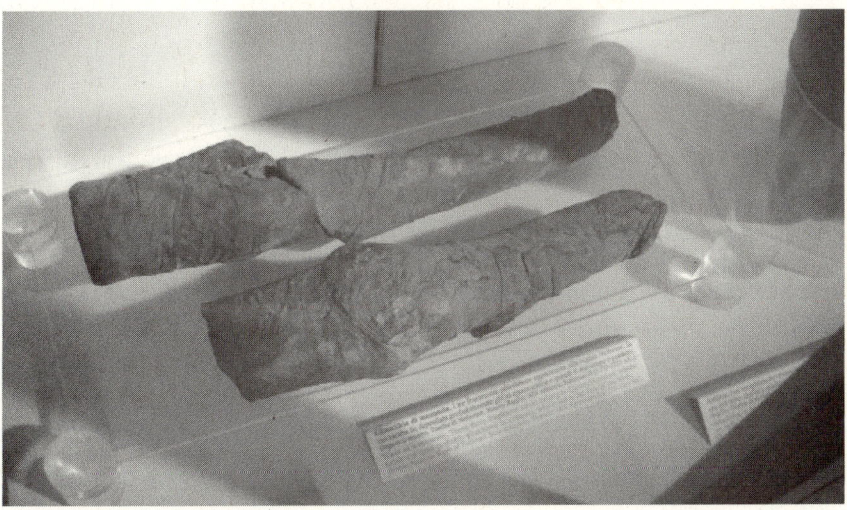

Piernas momificadas atribuidas a Nefertari, expuestas en el Museo Egipcio de Turín. (Fotografía de Nacho Ares).

TIYI

La conjura del harén

Sin duda, el harén debía de ser uno de los lugares favoritos del faraón. Sus coloridas paredes, sus amplios patios con estanques y animales exóticos y cientos de mujeres a su servicio hacían de este lugar un sueño hecho realidad para cualquiera. Sin embargo, en el harén no todo era sencillo para las mujeres que lo integraban, pues debían compartir espacio junto a otras esposas del faraón, mujeres traídas de todas partes del reino egipcio e, incluso, del extranjero. Estas competían por alcanzar los puestos más altos o de mayor influencia, llegando a producirse enfrentamientos y conjuras internas.

El primer conflicto del que se tiene constancia en el harén real data de la época del faraón Pepi I, es decir, en torno al año 2300 a. C. Gracias a una estela hallada en la ciudad de Abidos y conservada en el Museo Egipcio de El Cairo, podemos conocer la historia que vivió un alto funcionario llamado Weni, quien presenció la acusación contra la gran esposa real de Pepi I. Así nos lo relata:

> Cuando hubo un proceso a puerta cerrada en el harén real contra la esposa real, la grande del cetro hetes, su majestad hizo de tal modo que yo fuera a escucharlo solo. Ningún magistrado ni visir, ningún funcionario estaba allí, aparte de mí, porque yo

era competente, presente en el corazón de su majestad, porque su majestad tenía confianza en mí. Fui yo solo quien puso por escrito [las actas], con únicamente un responsable de Nekhen mientras que mi función era la de director de los empleados del palacio. Nunca alguien como yo había escuchado un secreto del harén real; pero su majestad hizo de modo que yo lo escuchara, puesto que yo era competente en el corazón de su majestad, más que ningún otro de sus funcionarios, de sus dignatarios, de sus servidores. [Tallet, 2022, pp. 221-222].

No se nos detalla el motivo por el cual el faraón acusó a la gran esposa real, pero los egiptólogos parecen coincidir en que debió de ser un movimiento estratégico de algún miembro del harén, en conjunto con la esposa, que iría en contra del faraón. Pensemos que también, junto con las esposas, vivían los hijos del faraón, los príncipes entre los cuales saldría el futuro rey de Egipto. Por esto, era obvio que las esposas del faraón competían entre sí para colocar a sus hijos

Ramsés en su harén (Lecomte du Nouÿ, *ca.* 1885, Museo de Orsay). (Fotografía de Sukkoria, Wikimedia Commons, CC BY-SA 4.0).

en las posiciones más altas dentro del reino y, por supuesto, todos ansiaban el título de faraón. En algunas ocasiones, esa rivalidad supuso auténticas conjuras palaciegas que acabaron costando la vida de muchas personas, incluida la del faraón.

Los regicidios eran unos de los momentos más caóticos en el gobierno egipcio, por eso no eran muy frecuentes. Pero, en aquellos casos en los que ocurrió, hubo momentos de angustia y de inestabilidad que debieron experimentar los miembros de la corte y los altos funcionarios. Encontramos un ejemplo de estos momentos tan difíciles en el relato de Sinuhé, donde se habla del momento posterior al regicidio que sufrió Amenemhat I:

> Año real 30, tercer mes de Ajet, día 7. El dios ascendió hasta su horizonte, el Rey Dual Sehetepibra se alejó hasta el cielo, unido con el Disco Solar, el cuerpo del dios mezclado con el que lo creó. La Residencia estaba en silencio, los corazones, en duelo; las dos grandes puertas, cerradas; la corte, con la cabeza sobre el regazo, y la élite, de luto.

Si viajamos a la época de Ramsés III, y siguiendo esta misma línea de regicidios, aquí es donde aparece la protagonista de este capítulo, Tiyi, pues llevó a cabo una siniestra misión para deponer al faraón en su beneficio personal y el de su hijo.

MISIÓN: ACABAR CON EL FARAÓN

Ramsés III, perteneciente a la Dinastía XX, es visto por muchos como el último gran faraón. Y no es para menos, pues sus exitosas batallas contra los libios y la expulsión de los pueblos del mar así lo atestiguan. Sin embargo, también encontramos momentos oscuros en su reinado. Por ejemplo, en aquel tiempo se produjo la primera huelga de la historia de la que se tiene constancia. En ella, los obreros que construían las tumbas en el Valle de los Reyes decidieron dejar de trabajar hasta que se les pagara su salario alimenticio, pues llevaban varias semanas de retraso y tenían que comer y proporcionar sustento a sus familias.

Como vemos, Ramsés III pudo haber gestado muchos enemigos, desde los extranjeros que expulsó y que ansiaban el poder en Egipto, hasta los propios trabajadores de su tumba. Sin embargo, parece que la traición no le llegó por ninguna de estas partes, sino que fue una conspiración gestada en la Casa Jeneret, en su harén más íntimo.

Su esposa secundaria, Tiyi, ansiaba el poder como ninguna otra mujer en Egipto, y para lograrlo debía de colocar a su hijo en el puesto más elevado de la pirámide social egipcia, el de faraón. Sabía que alcanzar el máximo poder de manera legítima iba a ser una tarea muy difícil, puesto que antes que el primogénito de una esposa secundaria, como era ella, existían otros príncipes, los hijos de la gran esposa real. Por lo tanto, ante el hecho de que Ramsés III tenía una edad avanzada para la época, Tiyi consideró que había llegado el momento de cambiar de aires. Su objetivo era evitar la sucesión natural que le correspondía al legítimo heredero y colocar a un hijo que tuvo con Ramsés III, llamado Pentaur, en su lugar.

Tiyi ideó un plan que pudo cambiar la historia de Egipto, pero, sobre todo, su propia historia, su futuro, otorgándole tantas riquezas como siempre había soñado. Así, se da comienzo a una intrigante aventura para acabar con la vida del faraón.

Lo primero que hizo fue hablar con otras esposas secundarias y concubinas del harén. Les pidió a escondidas que se unieran a su causa. Del mismo modo, persuadió a funcionarios del propio harén, como los guardianes, a los que convenció con suculentos ascensos como recompensa, siempre que todo saliera según lo planeado.

Tal era su labia que consiguió un gran número de importantes adeptos a su causa, como el director del harén, llamado Panik; el jefe de la cámara del rey, conocido como Peybakkamen, y otro alto funcionario llamado Mesedsura.

También se alistó un alto militar, el general Payis, y un director de los sacerdotes de Sekhmet, entre otros muchos.

Algunas de estas personas eran muy próximas al faraón, llegando a formar parte de su círculo más íntimo. En total, se llegan a contabilizar hasta cuarenta personas que conspiraron en la sombra para cambiar el destino de Egipto. Tiyi consiguió su primer objetivo: obtener a los aliados necesarios para dar un golpe de Estado. Esto indicaba que había llegado la hora de ejecutar el segundo paso: deponer al faraón, aunque eso implicara terminar con su vida.

Sabemos que una de las herramientas para acabar con la salud del faraón era la magia. Por ejemplo, se utilizaban figuritas de cera con la forma física del faraón para arrojarlas al fuego. Sorprendentemente, estamos hablando del primer registro conocido en todo el mundo del uso de muñecos similares al vudú. Recordemos que en el vudú se utilizan figurillas con el aspecto de la persona sobre la que se quiere influir. Al igual que en esta práctica ancestral, en el Antiguo Egipto creían que las estatuillas poseían una parte del espíritu de los individuos y, por lo tanto, al actuar sobre ellas de manera malintencionada, afectarían directamente la salud de la persona que representaban.

Muñeco vudú egipcio, s. IV a. C. (Foto de Marie-Lan Nguyen, Wikimedia Commons, CC BY 2.5).

De este modo, los conspiradores de Ramsés III hicieron estatuillas con el aspecto del faraón para propiciarles todo tipo de tropelías. Sin embargo, la salud del faraón no se vio entredicha a pesar de la magia invocada en estos oscuros rituales. Por tanto, los conjuradores decidieron ir más allá y pasar a la acción. Un día, durante una importante festividad en el palacio de Ramsés III en Medinet Habu, los conspiradores llevaron a cabo la ejecución del faraón. Todo parece indicar que un militar experimentado, con la ayuda de los guardianes del faraón, atacó por sorpresa a Ramsés III con un arma afilada, degollándolo.

Tras analizar detenidamente la momia del faraón, se ha podido observar que este presenta heridas en diferentes partes del cuerpo, pero destaca un gran corte en la garganta, que, sin duda, fue lo que le acabó costando la vida. En un artículo científico publicado por Zahi Hawass en 2012 tras el análisis por tomografía axial computarizada (TAC) de la momia de Ramsés III, podemos encontrar las siguientes conclusiones:

> La investigación por tomografía computarizada reveló una herida grave en la garganta de la momia de Ramsés III, directamente debajo de la laringe. La lesión tenía aproximadamente 70 mm de ancho y se extendía hasta los huesos (desde la quinta a la séptima vértebra cervical), cortando todas las áreas de tejido blando en la parte del cuello. La tráquea claramente se cortó y sus extremos proximal y distal fueron retraídos y separados unos 30 mm. Una pequeña interrupción cortical focal en la superficie anterior del cuerpo vertebral era visible en la séptima vértebra cervical. En consecuencia, todos los órganos de esta región (como la tráquea, el esófago y los grandes vasos sanguíneos) fueron cortados. La extensión y profundidad de la herida indicaron que podría haber causado la muerte inmediata de Ramsés III. [Hawass *et al.*, 2012].

Otra conjura muy similar a la de Ramsés III, con la que nos podemos hacer una idea de lo que vivió el faraón, es la que se nos cuenta en un famoso texto del año 1950 a. C., conocido como las Instrucciones de Amenmhat. En este texto, se detallan las enseñanzas que el espíritu del faraón Amenmhat I da a su hijo Senusert I, explicándole la causa de su muerte e instándolo a no confiar en nadie. Evidentemente, el texto es ficticio y lo realizó un escriba tras la muerte del faraón, pero se cree que la forma en la que se detallan los hechos ocurrió realmente. El texto dice así:

Era tras la cena y la noche había llegado. Me tomé una hora de descanso, tendido en mi cuarto, pues estaba cansado y mi pensamiento empezaba a deslizarse hacia el sueño. Fue entonces cuando se blandieron las armas destinadas a protegerme, cuando estaba como una serpiente del desierto. Me desperté a causa del combate y, habiendo recuperado mis ánimos, descubrí que se trataba de un asalto de la guardia. Si hubiera podido coger las armas rápidamente habría hecho batirse en retirada a los cobardes; pero no hay bravo por la noche, capaz de combatir solo, y el éxito no acontece sin ayuda. [Tallet, 2022, p. 222].

Esta conjura contra Amenemhat I también debió producirse por aquellos que, deseosos de poder, decidieron arrebatarle la vida para obtener el tan ansiado trono de Egipto, al igual que le sucedió a Ramsés III.

A pesar de esto, la reina Tiyi y su hijo no obtuvieron el éxito que esperaban, pues el que gobernó tras la muerte del faraón no fue Pentaur, sino que ascendió el hijo legítimo del faraón, conocido como Ramsés IV.

Momia de Ramsés III. Tras la gruesa capa de vendas que recubren su garganta y que hasta el año 2012 no se habían retirado, por no dañar los restos humanos, se descubrió una profunda herida de siete centímetros de ancho, la cual le ocasionó la muerte.

Lo primero que hizo el nuevo faraón nada más llegar al poder fue reclamar justicia por la muerte de su padre. Con tantas personas formando parte de la conjura, no tardaron en irse de la lengua y se fueron delatando uno a uno todos los implicados, provocándose un juicio en el que pasó de todo.

CONDENADOS… ¡AL SUICIDIO!

Gracias al Papiro Judicial de Turín, formado por el Papiro Lee, el Papiro Rollin y el Papiro Rifaud, podemos saber a ciencia cierta todo lo que ocurrió desde que Tiy decidió gestar la conspiración hasta que fueron condenados. Así, se creó un tribunal con varios jueces para estudiar e investigar los hechos y poder condenar a los culpables. Se desconoce cuál fue la forma exacta de los interrogatorios llevados a cabo sobre los sospechosos de la muerte del faraón, pero se cree que los acusados pudieron ser golpeados, tal y como se ha visto en otros juicios de la misma época con ladrones de tumbas, quienes fueron golpeados con bastones en la espalda y los pies (Lippert, 2012, p. 6).

Algo insólito en este juicio fue que uno de los acusados, conocido como Payis, consiguió sobornar a varios miembros del tribunal, a un jefe de policía y a un militar. Según el propio Papiro Judicial de Turín, parece que el soborno consistió en una orgía con mujeres posiblemente del harén. De hecho, se puede leer:

> Ellos habían ignorado las buenas instrucciones que les habían sido dichas. Las mujeres se marcharon, y ellos las alcanzaron allí donde ellas se encontraban, y allí ellas montaron una juerga junto a ellos y junto a Payis. [Borrego, 2016, p. 68].

Las condenas de los culpables dependieron del grado de implicación en la conjura, aunque la mayoría consistieron en castigos severos, a la altura de acabar con la vida de un faraón.

En el Papiro Judicial de Turín se recogen varias condenas diferentes. La primera de ellas, para los mayores culpables, era la ejecución pública, pues se buscaba aniquilar completamente cualquier rastro de existencia de los conjuradores. El cómo los ejecutaban constituye un tema controvertido para los investigadores, pero se cree que podría haber sido mediante el empalamiento, la famosa y cruel práctica de Vlad Tepes, que como podemos comprobar, ya hacían los egipcios miles de años antes, o a través de la quema de los cuerpos en hogueras. La hipótesis más factible entre ambas es que se trate de esta última, ya que, de este modo, conseguían que los culpables murieran tanto en esta vida como en la otra, pues, al quemar sus cuerpos y reducirlos a cenizas, no podrían bajo ningún concepto ser momificados y, por lo tanto, se les privaba de disfrutar de su vida en el más allá.

Otro tipo de condena era la ejecución en privado, consistente en un suicidio forzoso que tenía un ligero grado de ventaja sobre la ejecución pública, ya que el suicidio no estaba tan mal visto como morir a manos de un tercero. No se sabe en qué casos se empleó esta pena, aunque se cree que podría estar reservada a las personas cercanas y de más confianza del faraón que habían cometido acciones imperdonables. También hay quien cree que se hacía en casos en los que no se estaba muy seguro de la culpabilidad del acusado, ya que creían que mandar a matar a alguien inocente era penado duramente por las divinidades.

En uno de los capítulos más importantes del Libro de los Muertos, el 125, el difunto debe de hacer una «declaración de inocencia» si quiere alcanzar el paraíso, entre la que está el no haber matado a nadie ni haber ordenado matar. La declaración, según Bujanda (2016), es esta:

> Yo no provoqué el sufrimiento de los hombres.
> No usé la violencia contra mis familiares.
> No cambié la Justicia por la Injusticia.
> No frecuenté personas malvadas.
> No cometí crímenes.

No hice trabajar en exceso a otros para mi beneficio.
No intrigué por ambición.
No maltraté a mis sirvientes.
No blasfemé.
No privé al indigente de su subsistencia.
No cometí actos execrables contra los dioses.
No permití que un sirviente fuera maltratado por su señor.
No hice llorar a los hombres, mis iguales.
No maté ni ordené el asesinato.
No provoqué enfermedades entre los hombres.
No robé las ofrendas de los templos.
No robé los alimentos de los dioses. [...]
¡Soy puro! ¡Soy puro! ¡Soy puro! ¡Soy puro!

Además, es probable que la pena de suicidio pudiera ser otorgada como favor con respecto a la ejecución pública para aquellos que habían colaborado con la justicia (Borrego, 2016, p. 70).

El resto de las penas que se aplicaron a los conjuradores no conllevaban la muerte de los culpables, pero sí los marcaba de por vida, sobre todo a nivel social, pues se incluían mutilaciones y ablaciones de las orejas y la nariz. Este tipo de penas estaban destinadas a personas cuya implicación en la muerte del faraón era menor. Sabemos que también se le aplicaron a los jueces y policías que Payis consiguió corromper durante el juicio.

Por último, también había una serie de penas vinculadas al mundo mágico y moral, pero no físico. Por ejemplo, los cambios de nombre de los acusados para evitar ser recordados y que cayeran en el olvido.

Y de todas estas condenas, ¿sabes cuál fue el castigo de Pentaur, el príncipe que iba a sustituir a Ramsés III si el golpe salía bien? Para sorpresa de todos, el príncipe fue acusado con cierto privilegio, pues, a pesar de que se le condenó a muerte, se le permitió que fuera él mismo quien se quitara la vida.

En 1881, se descubrió en un escondrijo de momias pertenecientes a la realeza, en Deir el Bahari, una momia con las manos y los pies atados y un espeluznante rictus de dolor: la cara contraída, la boca abierta y aparentes signos de estrangulamiento. Tras un exhaustivo estudio de ADN llevado a cabo por Hawass (2012), se pudo determinar que la conocida como Momia E o la «momia que grita», debido a su boca constantemente abierta, es un hijo de Ramsés III. Por lo que los egiptólogos no dudan en afirmar que estamos ante Pentaur. Como vemos, el que iba a ser el principal beneficiario de la conjura iniciada por Tiyi acabó siendo uno de los más perjudicados.

La manera en la que se decidió enterrar a Pentaur es muy curiosa y llamativa. En el interior de la boca se ha encontrado resina. Esto quiere decir que la intención de los embalsamadores era que el cuerpo quedara de esta forma, con la boca abierta, para que pudiera seguir sufriendo por toda la eternidad. Además, la momia no muestra evidencias de la extracción de los órganos internos, ni del cerebro, algo esencial en todas las momificaciones del Antiguo Egipto. Y por si todo esto fuera poco castigo, su cuerpo se halló envuelto en piel de cabra. Esto es muy significativo, pues la piel de cabra para envolver a las momias era extremadamente rara y se consideraba un elemento impuro a nivel ritualístico. Por lo tanto, todo parece indicar que los egipcios buscaron que Pentaur siguiera viviendo en el más allá, pero de un modo realmente desfavorable, entre terribles sufrimientos.

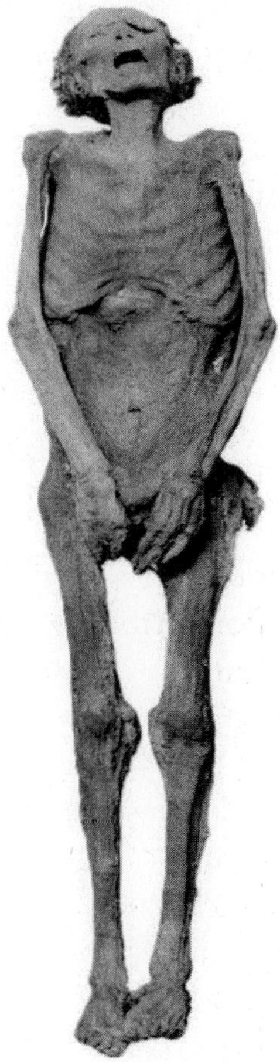

Momia de Pentaur.

Asimismo, Pentaur no era el verdadero nombre del hijo de Tiyi, sino que se trataba de un seudónimo empleado para no decir su nombre real, pues caer en el olvido era uno de los peores castigos que podían existir para los egipcios. De hecho, se modificaron los nombres originales de los acusados, como, por ejemplo, Penhuy pasó a llamarse Penhuybin, que significa «Penhuy el malvado», o Pabakimen, cuyo nombre significa «el servidor de Amón», cambió a Paybakkamen, que quiere decir «el servidor ciego», o Mery Ra, cuyo nombre significa «Ra lo ama» y que pasó a llamarse Mesedsu Ra, que significa «Ra lo odia». Además, durante el juicio, todos ellos fueron renombrados por otros más despectivos, como Panik, que significa «el demonio», o Binemuaset, «el malvado de Tebas».

¿Y qué pasó con Tiyi? Sorprendentemente, en el Papiro Judicial de Turín no se menciona nada de la madre de Pentaur y esposa secundaria de Ramsés III, quien fue la principal conjuradora.

Entonces, ¿qué sucedió realmente con ella? ¿Fue condenada a muerte como algunos de sus cómplices, o tal vez expulsada de los límites del reino? ¿Se le cortó la nariz y las orejas a modo de castigo, o tal vez fue relegada a los puestos más bajos del harén?

Tiyi ansiaba el poder y que su imagen apareciera reflejada en los grandes templos. Sin embargo, este privilegio se reservaba solamente a las grandes esposas reales o a las madres de faraones. Tiyi, en cambio, no logró ni una cosa ni la otra, y su rostro quedó sometido al olvido, aunque el relato de su conjura permanecerá vivo por siempre en la memoria histórica de Egipto, que la recordará como una de las mujeres más ambiciosas que ha conocido el país de las pirámides.

CONCLUSIÓN

Es indudable que el papel de las mujeres en el Antiguo Egipto ha quedado ensombrecido por la figura de los faraones. Sin embargo, no debemos olvidar que, junto al faraón, siempre estaba su esposa principal, la reina, que servía de apoyo imprescindible en el gobierno. De hecho, hemos de tener presente que, sin las reinas, los gobiernos de los grandes faraones e, incluso, la historia de Egipto no hubieran sido como los conocemos.

En el caso de las reinas-faraón, salvo en contadas excepciones, estas también han quedado relegadas al olvido para la mayoría de la población. No me cabe la menor duda de que las faraonas que han pasado más desapercibidas, como Merytneit, Sobekneferu o Tausert, podrían protagonizar grandes películas e intrigantes novelas con una historia tan apasionante que enganchara al gran público, pero desgraciadamente no se ha creado nada por el estilo.

Para aquellos que hemos atravesado las páginas de este libro y conocemos sus historias, no es casualidad la admiración que podemos desprender por estas grandes mujeres. Ellas desafiaron las convenciones de su tiempo, dejando un legado inmaterial que ha perdurado hasta nuestros días como símbolo de coraje, inteligencia y astucia, cogiendo las riendas del gobierno con valentía.

Todas han tenido que padecer esas voces que trataron de silenciarlas. Sin embargo, algunas consiguieron superar las adversidades, sorteando las conjuras que contra ellas se gestaban, y dejaron su huella en la historia.

Este libro ha sido una oda a la vida, aún cargada de misterio, de esas extraordinarias mujeres cuyas hazañas continúan inspirando a nuevas generaciones. Sin duda, sus crónicas nos han ayudado a comprender que el poder y la influencia no se miden en los años de reinado, sino en la capacidad de conseguir que un nombre sea recordado como sinónimo de éxito y lucha más allá del tiempo.

Me gusta recordar que, para los antiguos egipcios, era imprescindible conservar su nombre y que este continuara sonando a lo largo de la historia, para que, de alguna manera, pudieran seguir viviendo. Ahí residía el verdadero objetivo de sus acciones, y por ello hacían todo tipo de construcciones colosales y momificaban sus cuerpos. La conservación de su memoria, algo muy perseguido tanto en el pasado como en el presente, era lo que les brindaba la inmortalidad. Y me reconforta pensar que, con este libro, el legado y la memoria de estas grandes damas del Nilo continúan vivos.

Tabla cronológica de reinas y dinastías en el Antiguo Egipto[1]

PERIODO ARCAICO (3050-2686 a. C.)	
Dinastía i (3100-2890)	
Merytneit	*ca.* 2930
Dinastía ii (2890-2686)	
REINO ANTIGUO (2686-2125 a. C.)	
Dinastía iii (2686-2613)	
Dinastía iv (2613-2494)	
Hetepheres I	*ca.* 2600
Jenkaus I	*ca.* 2500
Dinastía v (2494-2345)	
Jenkaus II	*ca.* 2450
Dinastía vi (2345-2181)	
Nitocris	*ca.* 2180
Dinastía vii (2181-2160)	
Dinastía viii (2181-2160)	

1 Cronología obtenida del libro de Ian Shaw *Historia del Antiguo Egipto* (2000).

PRIMER PERIODO INTERMEDIO (2160-2055 a. C.)	
Dinastía ix (2160-2025)	
Dinastía x (2160-2025)	
Dinastía xi (solo en Tebas) (2125-2055)	
REINO MEDIO (2055-1650 a. C.)	
Dinastía xi (en todo Egipto) (2055-1985)	
Dinastía xii (1985-1773)	
Sobekneferu	*ca.* 1780
Dinastía xiii (1773-1650)	
Dinastía xiv (1773-1650)	
SEGUNDO PERIODO INTERMEDIO (1650-1550 a. C.)	
Dinastía xv (1650-1550)	
Dinastía xvi (1650-1580)	
Dinastía xvii (1580-1550)	
Ahhotep I	*ca.* 1560
REINO NUEVO (1550-1069 a. C.)	
Dinastía xviii (1550-1295)	
Hatshepsut	*ca.* 1460
Tiy	*ca.* 1360
Nefertiti	*ca.* 1340
Anjesenamón	*ca.* 1330
Dinastía xix (1295-1186)	
Nefertari	*ca.* 1250
Tausert	*ca.* 1190
Dinastía xx (1186-1069)	
Tiyi	*ca.* 1160
TERCER PERIODO INTERMEDIO (1069-664 a. C.)	
Dinastía xxi (1069-945)	
Dinastía xxii (945-715)	
Dinastía xxiii (818-715)	
Dinastía xxiv (727-715)	
Dinastía xxv (747-656)	

BAJA ÉPOCA O PERIODO TARDÍO (664-332 a. C.)	
Dinastía xxvi (664-525)	
Dinastía xxvii (525-404)	
Dinastía xxviii (404-399)	
Dinastía xxix (399-380)	
Dinastía xxx (380-343)	
Dinastía xxxi (343-332)	
PERIODO HELENÍSTICO (332-30 a. C.)	
Dinastía xxxi (332-305)	
Dinastía xxxi (310-30)	
Berenice III	116-80
Cleopatra VII	69-30

Bibliografía

BÉD OYÈRE, G. DE LA (2024). *The Fall of Egypt and the Rise of Rome: A History of the Ptolemies.* Connecticut: Yale University Press.

BEDMAN, T. (1999). *Nefertary: Por la que brilla el sol.* Cuenca: Alderabán Ediciones.

— (2003). *Reinas de Egipto: El secreto del poder.* Madrid: Oberon.

BORREGO, F. (2016). «Un rey, un harén y magia negra: el asesinato del faraón Ramsés III». En Fernández de Mier, E y Costés Martín, J. (eds.), *¿Pero quién mató a…? Muertes enigmáticas en el mundo antiguo.* Madrid: Sociedad Española de Estudios Clásicos.

BREYER, F. (2010). «Egyptological remarks concerning Dahamunzu». *Ägypten Und Levante / Egypt and the Levant,* 20, pp. 445-451. Disponible en http://www.jstor.org/stable/23789951.

BRIER, B. (1998). *El asesinato de Tutankamón: La verdadera historia.* Barcelona: Editorial Planeta.

BUJANDA S. (2016). «El "complot del harén": Damnatio memoriae y el tabú de la sangre derramada en el reino nuevo egipcio». *Antesteria: debates de Historia Antigua,* nº. 5, pp. 5-13.

CAMPBELL, R. (2014). «Dying Loyalty: Militations on Retainer Sacrifice in Ancient Egypt and Elsewhere en Violence and Civilization: Studies of Social Violence in History and Prehistory». En Campbell, R. (ed.). *Violence and Civilization: Studies of Social Violence in History and Prehistory (vol. 4).* Oxford: Oxbow Books.

CASTRO, N. (2011). «La reina Ahhotep». *Boletín Informativo de Amigos de la Egiptología,* año XIX, BIAE 73, pp. 32-33.

CIMMINO, F. (2002). *Vida cotidiana de los egipcios.* Madrid: EDAF.

CLAYTON, P. (1994). *Chronicle of the Pharaohs: the reign-by-reign record of the rulers and dynasties of ancient Egypt.* Londres: Thames and Hudson.

Cooney, K. (2023). *Mujeres que gobernaron el mundo. La fascinante historia de las seis faraonas más poderosas del antiguo Egipto.* Madrid: Pinolia.

Corteggiani, J. P. (2011). *Las grandes pirámides. Crónica de un mito.* Barcelona: Blume.

Creasman, P. P. (2014). «Hatshepsut and the Politics of Punt». *The African Archaeological Review,* 31(3), pp. 395-405. Disponible en http://www.jstor.org/stable/43916715.

Dawson, W. R. (1938). «Pygmies and Dwarfs in Ancient Egypt». *The Journal of Egyptian Archaeology,* 24(2), pp. 185-189. Disponible en https://doi.org/10.2307/3854789.

Desroches, C. (1999). *La mujer en tiempos de los faraones.* Madrid: Ediciones Complutense.

Discovery Channel (2007). «La reina perdida de Egipto: la primera identificación de un faraón hallada en el Valle de los Reyes desde el rey Tutankamón». *ScienceDaily.* Disponible en https://www.sciencedaily.com/releases/2007/06/070628091740.html.

Dixon, D. M. (1969). «The Transplantation of Punt Incense Trees in Egypt». *The Journal of Egyptian Archaeology,* 55, pp. 55-65. Disponible en https://doi.org/10.2307/3856000.

Dodson, A. y Hilton, D. (2005). *Las familias reales del Antiguo Egipto.* Madrid: Oberon.

Dorothea, A.; Green, L., y Allen, J. (1996). *The Royal Women Of Amarna. Images of Beauty from Ancient Egypt.* Nueva York: The Metropolitan Museum of Art.

Emery, W. B. (1954). *Great Tombs of the First Dynasty II.* El Cairo: Government Press.

Estrabón (1992). *Geografía (III-IV).* Barcelona: Editorial Gredos.

Fletcher, J. (2009). *Cleopatra the Great: The woman behind the legend.* Londres: Hodder Paperback.

Frevre, F. (1986). *La faraona de Tebas: Hatshepsut, hija del sol.* Barcelona: Editorial Planeta.

— (1999). *Ptolomeo I: El faraón de Alejandría.* Cuenca: Alderabán Ediciones.

Galán, J. M. (2007). «An Apprentice's Board from DRA ABU EL-Naga*». *The Journal of Egyptian Archaeology,* 93:1, pp. 95-116. Disponible en https://doi.org/10.1177/030751330709300105o.

— (diciembre de 2009). «La Tabla del Aprendiz». *Proyecto Djehuty.* Disponible en https://proyectodjehuty.com/la-tabla-del-aprendiz/.

GESTOSO SINGER, G.(2019). «Los dioses de la pestilencia en el discurso intercultural de la época de El Amarna». *Antiguo Oriente: Cuadernos del Centro de Estudios de Historia del Antiguo Oriente*, 17, pp. 157-218. Disponible en https://repositorio.uca.edu.ar/handle/123456789/10285.

GRATHWOL, F.; ROOS, C.; ZINNER, D.; HUME, B.; PORCIER, S. M.; BERTHET, D.; CUISIN, J.; MERKER, S.; OTTONI, C.; VAN NEER, W.; DOMINY, N. J., y KOPP, G. H. (2023). «Adulis and the transshipment of baboons during classical antiquity». *eLife*, 12:e87513. Disponible en https://doi.org/10.7554/eLife.87513.

GUERRA, M. y PAGÈS-CAMAGNA, S. (2019). «On the way to the New Kingdom. Analytical study of Queen Ahhotep's gold jewellery (17th Dynasty of Egypt)». *Journal of Cultural Heritage*, vol. 36, pp. 143-152. Disponible en https://doi.org/10.1016/j.culher.2018.09.004.

HABICHI, L. (1985). *The Obelisk of Egypt: Skyscrapers of the past.* El Cairo: The American University in Cairo Press.

HABICHT, M. E.; BIANUCCI, R.; BUCKLEY, S. A.; FLETCHER, J.; BOUWMAN, A. S.; ÖHRSTRÖM, L. M.; SEILER, R.; GALASSI, F. M.; HAJDAS, I.; VASSILIKA, E.; BÖNI, T.; HENNEBERG, M., y RÜHLI, F. J. (2016). «Queen Nefertari, the Royal Spouse of Pharaoh Ramses II: A Multidisciplinary Investigation of the Mummified Remains Found in Her Tomb (QV66)». *PloS one* 11(11). Disponible en https://doi.org/10.1371/journal.pone.0166571.

HAWASS Z.; ISMAIL, S.; SELIM, A.; SALEEM, S. N.; FATHALLA, D.; WASEF, S., *et al.* (2012). «Revisiting the harem conspiracy and death of Ramesses III: anthropological, forensic, radiological, and genetic study». *BMJ*, 14:345:e8268. Disponible en https://www.bmj.com/content/345/bmj.e8268.

—; GAD, Y. Z.; ISMAIL, S.; KHAIRAT, R.; FATHALLA, D.; HASAN, N.; AHMED, A.; ELLEITHY, H.; BALL, M.; GABALLAH, F.; WASEF, S.; FATEEN, M.; AMER, H.; GOSTNER, P.; SELIM, A.; ZINK, A., y PUSCH, C. M. (2010). «Ancestry and pathology in King Tutankhamun's family». *JAMA*, 303(7), pp. 638-647. Disponible en https://doi.org/10.1001/jama.2010.121.

— y SALEEM, S. N. (2011). «Mummified daughters of King Tutankhamun: archeologic and CT studies». *AJR. American journal of roentgenology*, 197(5), pp. W829-W836. Disponible en https://doi.org/10.2214/AJR.11.6837.

Hernández, J. (2007). *Historias asombrosas de la Segunda Guerra Mundial. Los hechos más singulares y sorprendentes del conflicto bélico que estremeció a la humanidad.* Madrid: Nowtilus.

Heródoto (2001). *Egipto: el don del Nilo.* Traducción de C. Carandell. Madrid: Maeva.

Humphreys, C. y Waddington, G. (2017). «Solar eclipse of 1207 BC helps to date pharaohs». *Astronomy & Geophysics,* vol. 58, 5, pp. 5.39-5.42. Disponible en https://doi.org/10.1093/astrogeo/atx178.

Ikram, D. (2021). *Antiguo Egipto: Introducción a su historia y cultura.* Córdoba: Almuzara. Colección Biblioteca Nun.

Jacq, C. (1997). *Las egipcias: Una visión sorprendente y fascinadora de la sociedad de los faraones.* Barcelona: Planeta.

Lippert, S. (2012). «Law Courts». *UCLA Encyclopedia of Egyptology,* 1(1). Disponible en https://escholarship.org/uc/item/4136j3s7.

Llull, J. (2007). «Sobre el eclipse solar del papiro demótico Berlín 13588 y el "eclipse lunar" de la crónica del Príncipe Osorkón». *Boletín de la Asociacion Española de Orientalistas.*

— (2016). «Una aproximación a la astronomía del antiguo Egipto desde diversas perspectivas». *Anuario del Observatorio Astronómico de Madrid,* 1, pp. 389-418. Disponible en https://dialnet.unirioja.es/servlet/articulo?codigo=5332528.

Martín, F. V. (1998). *Amen-hotep III: El esplendor de Egipto.* Cuenca: Alderabán Ediciones.

Martín, F. J. y Bedman, T. (2009). *Hatshepsut: De reina a faraón de Egipto.* Madrid: La Esfera de Libros.

Mayans, C. (2023). «Los misterios del tesoro funerario de Ahhotep, la reina guerrera de Egipto». *National Geographic.* Disponible en https://historia.nationalgeographic.com.es/a/misterios-tesoro-funerario-ahhotep-reina-guerrera-egipto_20490.

Mcdonald, J. K. (1996). *House of Eternity: The tomb of Nefertari.* Londres: Thames and Hudson.

Millet, N. B. (1962). «A Fragment of the Hatshepsut Punt Relief». *Journal of the American Research Center in Egypt,* 1, pp. 55-57. Disponible en https://doi.org/10.2307/40000858.

Nuño, A. (2022). «Por qué los egipcios se pintaban de perfil: "Sabían dibujar de frente y eligieron no hacerlo"», *El Confidencial.* Disponible en https://www.elconfidencial.com/alma-corazon-vida/2022-02-01/egipcios-dibujar-eligieron-no-hacerlo_3362054/.

— (2022). «Semenejkara: quién fue el faraón más misterioso de Egipto». *El Confidencial.* Disponible en https://www.elconfidencial.com/alma-corazon-vida/2022-03-19/semenejkara-faraon-mas-misterioso_3391175/.

Panagiotakopulu, E. (2004). «Special Paper: Pharaonic Egypt and the Origins of Plague». *Journal of Biogeography,* 31(2), pp. 269-275. Disponible en http://www.jstor.org/stable/3554655.

Parra, J. (2011). «Las momias de las pirámides». *Espacio Tiempo y Forma. Serie II, Historia Antigua,* 1, pp. 211-226. Disponible en https://dialnet.unirioja.es/servlet/articulo?codigo=4045093.

— (2015). *La vida cotidiana en el Antiguo Egipto.* Madrid: La Esfera de los Libros.

— (2018). *Esto no estaba en mi libro de historia del Antiguo Egipto.* Córdoba: Editorial Almuzara.

Partridge, R. (2010). *Faces of Pharaohs: Royal Mummies and Coffins from Ancient Thebes.* Londres: Rubicon Press.

Patznick, J. P. (2017). «Meret-Neith: in the Footsteps of the First Woman Pharaoh in History». *Archaeopress Archaeology,* 18, pp. 289-306.

Pilkington, E. y Tran, M. (2007). «Tooth solves Hatshepsut mummy mystery». *The Guardian.* Disponible en https://www.theguardian.com/world/2007/jun/27/egypt.science.

Plutarco (1979). *Vidas paralelas.* Tomo IV. Traducción de A. Ranz. Barcelona: Iberia.

Ramiro, C. (2020). «La intervención de Cenicienta en la construcción de las pirámides. Un tipo iconográfico en la primera serie litográfica de las Maravillas del mundo». *Boletín del Museo Arqueológico Nacional,* 39, pp., 257-262.

Redford, S. y Redford, D. B. (2002). *The Harem Conspiracy: The Murder of Ramesses III.* Illinois: Northern Illinois University Press.

Reeves, N. (2002). *Akhenatón: El falso profeta de Egipto.* Madrid: Oberon.

Robins, G. (1996). *Las mujeres en el antiguo Egipto.* Madrid: Ediciones Akal.

Ryholt, K. (2000). «The Late Old Kingdom in the Turin King-list and the Identity of Nitocris». *Zeitschrift für Ägyptische Sprache und Altertumskunde,* 127(1), pp. 87-119. Disponible en https://doi.org/10.1524/zaes.2000.127.1.87.

SCHULMAN, A. R. (1979). «Diplomatic Marriage in the Egyptian New Kingdom». *Journal of Near Eastern Studies*, 38(3), pp. 177-193. Disponible en http://www.jstor.org/stable/544713.

SERRANO, J. M. (1994). *Textos para la historia antigua de Egipto.* Madrid: Cátedra.

SHAW, I. (2007). *Historia del Antiguo Egipto.* Madrid: La Esfera de los Libros.

SOWADA, K.; NEWMAN, R.; ALBARÈDE, F.; DAVIS, G.; DERRICK, M. R.; MURPHY, T. D., y GORE, D. B. (2016). «Analyses of queen Hetepheres' bracelets from her celebrated tomb in Giza reveals new information on silver, metallurgy and trade in Old Kingdom Egypt, c. 2600 BC». *Journal of Archaeological Science: Reports*, vol. 49. Disponible en https://doi.org/10.1016/j.jasrep.2023.103978.

STROUHAL, E.; VYHNÁNEK, L.; GABALLAH, M. F.; SAUNDERS, S. R.; WOELDFLI, W.; BONANI, G., y NĚMEČKOVÁ, A. (2001). «Identification of Royal Skeletal Remains from Egyptian Pyramids». *Anthropologie (Brno)*, 39, 1, pp. 15-23.

TALLET, P. (2022). *12 reinas de Egipto que cambiaron la historia.* Madrid: Editorial Dilema.

TEETER, E. (ed.) (2011). *Before the Pyramids. The Origins of Egyptian Civilization.* Chicago: The Oriental Institute.

VALDIVIA, L.; GARCÍA, L.; ESCALONA, M.; GARCÍA, G.; ARROYO, M. J.; BOLAÑO, M. A., y GUAÑUNA, E. M. (2021). «El incesto en algunas cortes faraónicas y su repercusión sobre la salud». *Enfermería Investiga*, 6(1):51. Disponible en https://doi.org/10.31243/ei.uta.v6i1.1027.2021.

VAN DER PERRE, A. (2014). «The Year 16 Graffito of Akhenaten in Dayr Abu Hinnis», *Journal of Egyptian History*, 7 (1), pp. 67-108.

VANDENBERG, P. (1985). *Nefertiti: Una biografía arqueológica.* Barcelona: Plaza y Janes.

WEEKS, K. (2001). *El Valle de los Reyes, las tumbas y los templos funerarios de Tebas.* Barcelona: Círculo de Lectores.

WICKER, F. D. P. (1998). «The Road to Punt». *The Geographical Journal*, 164(2), pp. 155-167. Disponible en https://doi.org/10.2307/3060367.

Agradecimientos

A Nacho Ares, mi mentor en el mundo de la egiptología. Gracias por ayudarme y guiarme en las dudas que me han surgido en el largo y arduo proceso de documentación para la elaboración de este libro. Y gracias por cederme algunas de tus fotografías para poder ilustrar este libro de la mejor manera posible. Sin tu ayuda, este libro no sería el mismo.

Gracias también a Carmen Ruiz, de Arqueoartis, quien me ha ayudado con cualquier duda que he podido tener y ha elaborado un maravilloso prólogo. Estoy convencido de que ese hilo rojo que nos unió en aquel avión en El Cairo seguirá dándonos muchas más sorpresas y alegrías.

A la editorial Almuzara, y en especial a mi querida editora Rebeca, por darme la oportunidad de seguir cumpliendo mi sueño de poder dedicarme a divulgar la historia del Antiguo Egipto.

A mis padres, María José y José María, y a mi hermano José Cristian, por su apoyo durante la realización de este libro.

A mi esposa Cristina, que ha sido un pilar fundamental en la larga investigación y desarrollo de estas páginas. Ella es quien me acompaña en mis viajes a Egipto. Recorrer el país de las pirámides a su lado, descubriendo los misterios y curiosidades que esconde el valle del Nilo es un auténtico regalo para mi alma.

Tengo que agradecer también a más de un millón de personas que me siguen en las diferentes plataformas digitales. Sin ellos, nada de esto hubiera sido posible, pues son quienes me han permitido llegar hasta donde estoy y continuar avanzando. Este libro es, en cierto modo, un regalo para todos los que están al otro lado de la pantalla.

Por supuesto, a quienes me han acompañado en los viajes grupales que organizo por Egipto. Es una experiencia mágica poder disfrutar de la tierra de los faraones junto a vosotros.

Y, por último, me gustaría darte las gracias a ti, que ahora lees estas palabras, por haber llegado hasta aquí. Espero que hayas disfrutado del libro y hayas podido aprender tanto como yo durante el proceso de investigación y escritura.

¡Muchísimas gracias de todo corazón!